THE HISTORY OF CONSUMER CREDIT

Doctrines and Practices

消费信贷史

理论与实践

〔法〕罗莎-马里亚·杰尔皮
〔法〕弗朗索瓦·朱利安-拉布吕耶尔　著

江红　译

商务印书馆
创于1897 The Commercial Press
2014年·北京

Rosa-Maria Gelpi and François Julien-Labruyère

THE HISTORY OF CONSUMER CREDIT

Doctrines and Practices

目　　录

第二篇 当代社会中的消费信贷：实践和教条

前　言

近来，消费信贷成为公众关注的焦点，这无疑是媒体对此大感兴趣的结果。有些人称这是处心积虑精心策划的，也有人觉得这不过是又一种时髦罢了。对相关法律和欧盟指令的阐述与讨论，不断把消费信贷的问题推到公众面前，使之成为人们饭后茶余津津乐道的话题。1984年美国修订个人破产法，使公众对此的关注达到了顶点。就在几乎同时，日本收回债务的方式受到公众审查，欧洲对消费信贷的辩论也开始向深入发展。随后，在经济衰退的刺激下，英国对此问题的关注在20世纪90年代达到高峰，而法国则于1989年12月31日通过了尼埃兹法（Neiertz Law）。

美国人和英国人——尽管英国人不及前者，在深入反思的氛围里，仰仗各大学对消费信贷影响及其社会角色的各项研究，为讨论和修订法律铺平了道路。但法国却一筹莫展，和比利时、意大利、西班牙等国一样，尚处在重新定义其法律的过程中。欧洲整体的状况亦不例外：（对各国立法至关重要的）指令的制定工作是在没有充分研究的情况下进行的。参考的信息常常仅限于对市场的远距离观察，而没有真正的社会经济反思作为后盾。

面对美国的消费无度，怀着对高利贷久远历史的记忆，文学作品长期以来一直在勾勒着这样一幅景象：高筑的债台吞没了低收入家庭，让这些家庭陷入了道德和物质生活双重破产的螺旋式下降的境地。亚瑟·米勒的《推销员之死》（*Death of a Salesman*）以偿清最后一个月的分期付款终结，既让人长舒了一口气，又让人悲从中来，因为一家之主就在这以前刚刚自杀身死。埃尔莎·特丽奥莱（Elsa Triolet）的作品《信贷之爱》（*Rose à Crédit*）也反映了同样的主题，告诉我们对家电欲望无穷而又没有能力支付，造成的是怎样一种悲惨而致命的结果。

米勒的剧作和特丽奥莱的小说是信贷被表现为日常生活主宰的当代作品。两件作品写成于战后发展如日中天并带来社会巨变的20世纪50年代，也不乏其重要意义。在文学的阶梯上从阳春白雪下到下里巴文学，就可以看到信贷已在代表主流观点的车站文学中站稳脚跟。连载小说让信贷变得可敬，就好像预示着循环账户的命运一般。那些年，加州大众文学中最受欢迎的大英雄莫过于信用机构的收债人。这类作品已经销声匿迹，很可能因为收债人跑腿的苦差已经由电话和电脑代劳了！

这些已成旧迹的故事，强调的是收债的表面影响，而非走在月复一月需要还债这条“黑暗隧道”中的众多借债人所经历的内心焦虑。这种感受被米勒的剧作表现得淋漓尽致，也得到各种高质量研究结果的印证。对信贷影响的强调，导致了社会压力这一观点的产生，而这种压力又往往和收债的行为相联系，并常常被指责为引起了种种过激行为。

与现实截然相反的一个怪现象是，无论从宏观经济的相对支付数额上来说，还是从微观经济中对家庭预算的相对影响上来看，与其他形式的信贷相比，消费信贷更多地受到了这一负面社会形象的打击。但是,住房贷款由于居所正当的功用而变得名正言顺。消费性购物被视为多余支出。一部轿车被视为公司设备的一部分,因而是一种理所应当的投资;但家庭就要另当别论,不动产贷款是唯一免遭社会非议的贷款。

美国一如既往,成为这种心态经久不衰的突出化身。郊区别墅是美国中产阶层既定生活状态的一部分。即便礼拜日的传教士也渴望依靠贷款买地置房。但是车拖流动房——边疆拓荒者的上乘交通工具,却被视为吸干一切的信贷的典型化身。然而,信贷公司最清楚,住别墅的人破产率比住车房的人要高。原因很简单,在改造后的旧区,住房多,失业也多;而新开发的区域中,车房多,新工作也多。

一个是流动的,一个是不动的。在法国,这种划分在民法生效后成为人们的一种定论:为拥有动产而借贷,形象不佳。这就构成了就一个产品而言的主流主题之一,这个产品的名称本身(无论是*crédit à la consummation*,*credito al consume*,还是*Konsum Kredit*),都让它在道义上落入了多余品的范畴,而不动产贷款,或更动听一点——抵押贷款,由于其固定不动的意义,而确保了其在道义上代表适度的含义。这种对立造成了围绕着消费信贷的令人费解的现象。这不仅在司法和行政监管中显而易见,也表现在媒体和消费者运动中。更讲实际的盎格鲁-撒克逊人提出了一个微小的细节:"消费信贷"和其他用词不同,不包含用于消费的信贷概念,而是给消费者的信贷。

这种信贷可能导致债台高筑,以致于负债者名誉扫地。消费信贷总是令人联想起旧时代的高利贷,之所以如此,似乎是因为与不动产贷款相比,其利息较高,数额较小。在当今的典型中,放贷过多,也就是说负债过重,代替了利息过高成为被公认的社会流毒。尽管如此,高利息仍然是传统道德立场一个隐而不宣的依据。又怎么可能是其他的情形呢?多少个世纪以来,高利贷的主题已经成功地潜入了集体潜意识,在信奉基督教的西方尤其如此。

雅克·勒戈夫(Jacques Le Goff)第一个指出,对有息贷款(时间的小偷)的禁令、炼狱的发明,以及资本主义创业精神的初露端倪都出现在中世纪初,有着惊人的时间上的巧合。这三者对西方思维的形成具有重大意义。信贷这一手段处于通过创业改善人间生活和赎罪的神话所描述的阴间惩罚这两者的中点。这就让我们大致感受到了和信贷沾边的东西所具备的近乎图腾般的影响力。图书馆藏书中,以《圣经》为首的、谴责信贷的训诫和分析就汗牛充栋,有关最后的审判的绘画中也绝不会少了它的身影。即使乔托(Giotto)也在帕多瓦著名的阿雷那教堂创作了整套壁画,来劝诫其恩主不要走上高利贷这条通往地狱之路。

但是,中世纪伊始,这种占统治地位的哲学思想就遭到了经济现实的破坏。第一个与各种禁令达成某种妥协的,不是别人,正是圣托马斯·阿奎纳。接下来打破禁令的是佛罗伦萨的大主教圣安东尼,他担任大主教期间,佛罗伦萨发展成了银行业中心。一个世纪后,萨拉曼卡的教士们本着同样的扩大经济自由的热望披荆斩棘,为后来新教徒给禁止有息贷款的禁令沉重的一击,铺平了道路。

尽管这一成熟过程缓慢漫长,我们却仍然可以看到陈旧的态度盛行于当今世界:传统的新教地区对个人贷款的态度较为放松和宽容，而传统的天主教区域则比较僵硬，把它和罪孽相联系。在德国、瑞士或荷兰等宗教混杂的地区，专门从事信贷的人通常抱着这样的态度：从商业上说，新教州区的日子更为难过，这无疑是因为银行把持着市场；而在天主教的州区，则要冒更大的风险。

消费信贷公司的董事们深知自己身处西方思维一个爱恨交加的情结核心，于是刻意按照他们行伍中最著名的一位，即20世纪20年代东普鲁士KKB银行卡明斯基的衣钵，采取了一种加尔文式的态度。20世纪50年代，卡明斯基把以自行车贷款起家的KKB银行转变成了欧洲的第一家私人银行。1959年，他首先主张建立欧洲金融协会，从那时到现在，协会的使命就是倡导贷款机构职业标准中的高度道德守则。

天主教堂花了七个多世纪才解开了这个情结。直到梵二会议，炼狱的信条才得到改造，祛除了所有与借贷相关的含义。与此同时，或者说随着历史的发展，声称具有社会主义特点的主要运动也开始了自己对创业精神和与信贷相关的各种价值观的现代化改造。如今，一家之主不再有思想上的束缚，使他或她不再被视为“摩登时代的冒险家”，而是基本社会单元中的创业者。

但是显然，在如此规模的教义演进和大众典范之间，必然残余着旧时代的后遗症。这些后遗症构成了反对把家庭视为企业，进而认为一旦有了信贷就会出现危险这一观点的温床。我们在这里又可以看到以高利贷为形式的社会寄生病这一古老病症。

欧洲文学源源不断地创造和维持着各种与信贷相关的典型形象。从但丁到左拉，从莎士比亚到狄更斯，或者从加尔多斯到巴尔扎克，高利贷者构成了集体潜意识中的各色人物的一部分。其形象从来都是雷同的，面色苍白、阴险贪婪的夏洛克和高布塞克是其中最广为人知的。

老调重弹的最新著述是埃兹拉·庞德以预言家的口吻写成的《诗章》(*Cantos*)，他把这些诗视为所有西方文明的诗化集中或保藏。就这个主题，作者用了两首充满血腥的诗篇：尤瑟拉(Usura)[①]杀死还在吃奶的婴儿；尤瑟拉发出信号，死鬼们立刻豪餐暴饮。在庞德看来，高利贷什么也没有孕育出来，没有贸易、没有活动，也没有艺术追求。它是罪中之罪，是唯一违反自然的罪孽，因为它偷走了时间这一根本的自然要素。这一可谓恢宏的作品把凡俗形象和宗教观点汇集成一股汹涌的潮流，形成了我们心态中最为突出的一个方面，即信贷就是高利贷，高利贷就是罪恶。

宗教和社会的禁令也贯穿在语言中。例如，意大利语放债人(*lo strozzino*)一词源于表示勒死的动词。我们甚至还可以找到人身或种族的映射含义，例如，人们仍记忆犹新的“Jew Süss”一词，就表现出欧洲的负疚情结。毫不奇怪，有关消费信贷的任何文献，无论它多么具有实证特点，都必定带着历史遗留下来的思想和道德痕迹不自觉地受其左右。这种影响潜藏在深处，今天已经罕见它以理论观点的形式出现了，但却活跃地在下意识中起着作用。

基督教的这一思想历程根源于传统行为，德语无疑是其最好的体现。德语中表达债务和错误的词都是“die Schuld”。显然，只要一笔债款是作为应急款借出，目的是为了某时、某地一项具体的短期消费，并以固定资产——也就是耐用持久的物品，作为担

① 拉丁语中为“利息”的意思。——译者

保，那么就不可能在道义上是名正言顺的，其社会作用极为含糊。尽管在济贫当铺的古典时期曾有过道德化的早期努力，但是抵押品和短暂消费之间的失衡，使整个系统变得畸形，纵容了以敲诈勒索为社会交往准则的行为。这就是早先社会的规范。

这种情形在今天欠发达国家仍然存在，有时表现为农村风俗习惯，在城市出现的时候也越来越多，但往往是非法的。如果我们把这种古老的做法简单视为纯粹的信贷，将其与发达世界的市场行为混为一谈，那么我们就会在方法上一叶障目或在政治上虚伪。这些所谓信贷在很大程度上是以某种公开的好处来偿还的，这一简单的事实从根本上改变了这些贷款的性质。

从19世纪末期以来，信贷促进社会融合的新功能逐渐出现。这与把报酬、债务和扶助混在一起的传统村庄式的社会交往形式，形成鲜明对比。工业薪金阶层的出现必然对纯货币形式的家庭预算——起初是一个星期，后来两个星期，并最终按月计算，产生影响。信贷逐渐成为家庭收入最为普遍的预测方式。过去的广告宣传把信贷赞许为——有时是天真地——“现代形式的储蓄”，这也在经济学家和社会学家的深入研究中得到印证。如果我们把社会作为一个整体来看待，信贷就可以显著地促进社会融合。对个人而言，信贷构成了生命周期的第一阶段，即添置家庭用品。在过去四五十年的时间里，这一阶段逐渐转变为为准备退休和遗传家庭财产而进行的储蓄阶段。

在这一周期中，消费信贷显然占有一席之地。其地位可能不如房产信贷那么显赫，因为所购物品会贬值，但它同样起到了通过购买物品而有计划地增加财富的作用。这构成了最广为接受、也是最显而易见的社会地位形式。因此，消费信贷促进了以生活水平的提高为象征的个人自我实现就是其象征。

无论对购置家产的家庭，或是信贷机构中的最年轻的雇员来说,有一点都是明白无误的,而且可以用极为简单的社会经济观点一言以蔽。家庭要变得富有,因而减少贷方的风险,就必须遵循一条老道理、老规矩,即一笔贷款的还款期绝对不能超过所购物品的使用周期。这也是办理一笔信贷应该遵守的首要准则，因为它保证了生命周期中自我保护的平衡与理性。

一讲到个人贷款，事情就会变得比较复杂，信用卡更是如此。信用不必与某些用品（equipment）直接联系在一起，信用卡甚至可以用来满足庸碌无为、朝生暮死或是毫无用处的欲望,这些都是增加财富的消极方面。

这些产品首先在美国、继而在欧洲发展起来，同时也出现了以个人记录为依据的新的评估方式，即对可能行为（probable behaviour）的评估。这两者在历史上的巧合恰恰呼应了观点的转变。发财致富不再针对某一物品，而是要看申请人可能具备的管理预算的能力。这一转变是根本性的，其后果我们至今尚未充分感受到。从社会学上讲,这意味着家庭具备了更大的自主决策权,因而也就自然而然更清楚地意识到其作为一个微观经济单位在追求更大程度满足过程中的作用。

有些人会问，那么心血来潮式的购物又是怎么回事儿呢？还有那些容易受到促销鼓动的家庭，更不要说有名的美国“强卖”手册了！除此之外,当然还有还债的实际能力问题,以及债台高筑这个魔鬼。不错,这一切不可否认,但对市场意义不大。尽管有消费者保护法和一整套贷款的审慎原则，但所有这些问题都会继续存在下去。对于贷方来说，对客户审查不严或授权程序有失周密，从来只能导致一个结果：加大风险。换句话说，如果要保持竞争优势，就必须让利；否则就会因为利息过高而在市场上遭挤兑。

盎格鲁-萨克逊的模式于我们多有借鉴意义。它不仅具有比拉丁语国家程度更高的家庭理财意识，同时还结合了越来越与投资物品脱钩、越来越多地与生命周期优化管理相联系的多种金融产品。银行以及其他日益专业化的机构所服务的家庭，对消费、资金流动性、投资、储蓄和备用基金等概念开始有了更好的理解。在这一背景下，针对所有债务的一种抵押整合（pledged consolidation of the whole of these claims）开始形成，成为应付突发事件的安全网。英美的一些家庭甚至申请二次抵押贷款（second mortgage）以备不测。这种做法的暧昧之处很容易看到，它在道义上显得堂堂正正——“安如房舍”，但仍然落入了过渡贷款的老套路。

我们知道这类抵押贷款因为所涉各方的费用，真正使用的时候很少。大部分人认为，当一件产品的社会风险取决于这件产品是否可以有效避免生命周期倒转时，那么就宁肯选择这一产品，而不是像美国的做法，因为个人破产而被暂时排斥在社会之外。不幸的是，在经济危机时期，生命周期往往不够长，近年来英国就是这种情况。

这些正反两方面的例子，为我们勾勒出了消费信贷的主要作用，即社会实现（social actualization）。要澄清这一作用，我们应首先强调一个事实：客户中相当大的一部分是年轻夫妇和工薪阶层，而且常常是刚刚移居城市的移民。19世纪末奥弗涅人落脚巴黎，靠着杜法耶勒（Dufayel）购物券安家置产。今天与此相当的是进入都灵的卡拉布里亚工人，或是鲁尔的土耳其人，甚或是在城郊安家的第一代移民的后代。这些人占了信贷客户的30%，不同国家和社会只是稍有差异。他们也构成了对信贷系统的主要挑战。

消费者团体依照节制的古老传统，认为这些人希望融入社会并因此而消费的欲望，是陷入债台高筑并因此被排斥在社会之外的主要原因。与此相反，形形色色的左派尽管同样抱着制止这种消费的愿望，但他们捡起的是博德里亚（Baudrillart）的旧衣钵，认为消费信贷是西方资本主义社会最为强大的一体化力量。最具乌托邦理想的普救信徒可以把借贷权视为最大限度的非歧视的副产品。

信贷专业人员显然根据自己日常工作经验，就知道这一客户群比其他人带来的风险更大，但他们也懂得这不足以成为在拒贷标准中加入主观歧视的理由。他们深知，这一客户群比其他群体更需要通过家庭耐用品获得社会地位，而融入社会正是走向社会实现的第一步。

专业人员一如既往地务实办事，他们更喜欢就事论事，总结从具体案例提炼的统计结果，而不是那些往往模棱两可的理论。说到底，他们对自己的角色以及这种角色的社会功用是否有一个哲学上的认识，其意义微不足道。的确，只要他们渎职，就会有坏事上门：过分迁就一个新客户就会增加他们自己的风险；如果收款不力，他们的形象就会受损。总而言之，一个坏顾主会撵走一个好顾主这条原则，就会让他们自取灭亡。如果风险过高，利率就会上升；如果市场形象不佳，市场份额就会丢掉。

无论我们如何看待，消费信贷自身就包含着内部的制衡。市场对此早已心知肚明，并依照它进行日常业务。可惜的是，规管部门仍然对此一无所知，不断地施加外部制衡手段，搞得账户管理手续繁杂，信贷的成本也因此而增加。

就像信贷缺乏社会经济功能的观点一样，信贷的成本问题也不时被提出来。专业人员把借贷成本作为这项或那项规定的理由；他们的死对头则以此作为一切争辩的论据。信用太贵，信用带来通货膨胀，信用让商业失衡，信用的代价是跟经济作对、跟社会作对、跟国家作对、跟道德作对……尽管时代不同，人物相异，但这些指责却惊人地相同。瘟疫来来去去，但社会中总是存在着瘟疫，而且我们都在制造自己的瘟疫。不论这一瘟疫是左派的还是右派的，它们往往能够相互抵消，唯有消费信贷例外。消费信贷的瘟疫总是以极不协调的方式济济一堂。

面对涌进了整个欧洲成千上万工薪阶层个人生活的这股舆论洪流，面对着这些家庭无言的谴责，放贷者往往不是企图自我辩护，以期从身不由己卷入其中的烂泥塘中脱身，就是竭力粉饰自己的行当，可用来掩饰的说法却和自己的对手一样外强中干。对于消费信贷使商业失衡的指责，他们传统上会用自己对法国工业的支持来辩护。无论哪一方的理由，大多经不起细究。尽管如此，这些说法还是构成了长久以来被历史无意识地滋养起来的辩论的一部分，使得消费信贷的真实状况无法得到冷静公正的评价。

本书的目的是要为移除这一障碍出把力。它完全谈不上是一种辩护和申明，也不是透彻无遗的分析，更不是什么进言决策者的白皮书。它不过是专门从事个人信贷的机构中两位同道在历史中的一回徜徉。他们厌倦了周围对自己职业的说三道四，于是决定追本溯源，搞清自己职业的真面目。这一旅程包括了在西方意识形态传统的深处寻找消费信贷负面形象的起因，并查明这些起因的真实历史。

第一部分讨论古代,那时对立的宗教思想发展起来,而信贷的各种手段正在形成之中。第二部分对近期历史进行分析，这个时期消费信贷本身的发展和传统的被禁形象混杂相伴。由于宗教改革对人们态度的影响如此强大深远，也由于它给经济发展史带来的变化至今犹存,因此我们研究的主要国家一方面是美国和英国,另一方面是法国。

消费信贷处在现代生活的核心，但仍然受到多少世纪以来的禁令和羞辱所遗留下的陈腐看法的影响。它对社会的动荡和缺陷应承担的责任,与其他经济部门相比,不多也不少。当然,它作为社会融合的要素,作为经济增长的要素,在社会中可以发挥它的作用。它的作用有自身的尺度,即恰如其分,并符合我们社会发展的正常步调。原因很简单，不能恰如其分，消费信贷就会自取灭亡。在家庭预算中,对信贷的利用的确发生了变化,这就像人口的变化一样。这些变化无非是证明出现这些变化的国家正在适应现代社会而已。简言之,消费信贷是衡量社会进步的最佳尺度之一。

致　　谢

在本书的著作过程中，我们得益于诸多信贷同人的意见和经验，在此难以一一历数。但我们还是希望对经常向我们伸出援手的人聊表谢意：M.巴尔（M. Baërt）、P.坎帕约拉（P. Campaioli）、P.德富尔尼（P.Defourny）、B.德罗（B.Drot）、F.费利克斯（F.F é lix）、B.米勒（B. M ü ller）、C.纳斯（C.Nasse）、G.多塔维亚诺（G.D' Ottaviano）、Y.萨托（Y. Sato）、E.斯佩兰扎（E. Speranza）、M.范列迪（M. Van Lierde）、P.瓦伊特（P. Vaiter）、J.P.瓦萨尔（J.P. Vassal）、C.魏斯（C. Weiss）以及C. Zingaro（C.津加罗）女士。

我们还要感谢R.N.库珀（R. N. Cooper）教授，为我们获得美国丰富的有关文献提供了方便；感谢H.弗朗科特（H. Francotte）与我们分享了他对古希腊的一些研究成果。

L.贝尔特兰（L. Bertran）和S.泰西耶（S. Tessier）收集、整理了统计数据；S.加蒂（S. Gatti）女士负责手稿的打字、图书馆查询、收集数据以及数字序列和图片的整理工作。

对他们，我们致以诚挚的谢意。

第一篇

信贷古今：信条与实践

有息贷款，一直到16世纪末都被称为高利贷。它是社会生活首要的经济表现之一，也是推动社会发展的一个根本动力。早在新石器时代的农耕时期，有息贷款就已经存在，因此，它比工业、银行业以及钱币的铸造更为古老。

这种做法似乎已经确立已久，之所以如此，正是因为它有助于满足诸如生存、改善生活状态和经济发展等各项根本需求。出现不久，它就既为人所爱，也为人所恨，因为借贷者要得其益，就必须承担还本付息的义务。此外，这一贷款制度也为各种形式的不轨行为打开了大门：借贷者有借无还，而放贷者对赖账的人施以高额利息或巨额罚金。因此，放贷很快引起了作为道德裁判官的立法者的关注，后来又引起了神学家和哲学家的思考。

有些社会把信贷规管起来就适可而止，而另一个社会则高举神圣启示的旗帜，禁止收取利息的贷款。这一禁令存在了多少世纪，引发的争端和困境无以计数。但是，神圣启示只是在反映传达启示的人所关注的社会经济问题的文本中，才是具体的。毫无疑问，这些戒律适合了特定的历史背景，但是因为被放到了神学著作中，它们就变得神圣起来，因而也就实行了许多世纪。

作为神学教义的一部分，这些戒律是僵硬的，但是其适用的社会却在发展之中，于是它们与其规管的现实脱离得越来越远。很久以前，社会就感到必须规避、重新解释并最终抛弃这些教义。本研究的第一部分对这些变化进行追踪。这些变化在根本上是意识形态的变化，但经常伴随具体时期的经济需要，成为商业社会发展的某种道德平衡点。我们重点关注欧洲，因为正是在欧洲我们才能找到如此完全以书面启示为基础的宗教，也可以找到逐步发展的资本主义。对借贷、放贷的争论竟到达了如此白热化的程度！而这仅仅是因为信仰基督教的西方觉得有必要发展一套复杂的理论体系，让自己的行为和信仰协调一致。

这些争议在其身后留下了经久不去的意识形态，至今仍然在一定程度上影响着人们对借贷和放贷的态度。

第一章　古代的高利贷

古代最早的法律文书中，有息贷款就已经是核心内容之一。出于这个原因，有些历史学家认为这种做法的起源可能要早得多，可以追溯到新石器时代的农耕社会。

《汉谟拉比法典》

《汉谟拉比法典》（*The Code of Hammurabi*）是最早的、也是保存最为完好的通典之一。法典是公元前1792—公元前1750年间统治美索不达米亚的汉谟拉比颁布的，其中就包括了一套有关借方和贷方诉讼的法令。法典被镌刻在一块两米多高的黑石碑上，现藏于卢浮宫博物馆。法典一共280节，其中260节保存了下来（*Lois de l'Ancian Orient*, 1986）。正因为有了这部法典，古代君王的诏令才得以穿越时空而永存。它实质上涉及的是城市居民和商人，但也有一些条款是关于农民的，并特别规定了准予减轻其偿债负担的各种条件。

法典起草的年代，是美索不达米亚水草肥美、农业兴旺的时代。那个地区经济生活繁忙，贸易发达。借贷、放贷司空见惯，贷款交易使用的货币有两种，要么是大麦，要么是白银。所有的放贷活动，无论是否收取利息，都必须有书面合同，并有官方盖章。谷物贷款可用实物归还，最高利息定在每年33⅓%，白银的利率则只有20%（Homer，1963）。

《汉谟拉比法典》的第71条是已知最早的对高利贷做出规定的法律条文。条文规定，放贷者如果收取超过规定的利息率，其债权将被取消。与此相似，第48条和第52条是为了帮助负债农民。在遭遇旱灾或水灾的年份，农民没有义务归还本金甚至利息。如果他们既无大麦也无白银，可以把自己的农产品缴给放贷者抵债，也可以用谷物偿还白银贷款。为了让信贷的做法符合道德规范，第113条禁止放贷者强取借贷者的大麦抵债，否则就会被责令退还大麦，并取消债务。

土地和其他物品可以用作偿债抵押，借债人本身，其妻妾、子女或奴隶，也可作为抵押。这种家庭连坐制度允许放贷者拥有借债人及其妻子、儿女。但是，因无力还债而充作奴隶的时间限制为三年。第116条禁止虐待因无力还债而沦为奴隶的人和虐待致其死亡（*Lois de l'Ancien Orient*，1986）。

可见，《汉谟拉比法典》是一套规定了不同形式的信贷、利息率、其法律依据、还贷方式、担保和索还债务的完整法律体系。我们也因此看到处于社会生活中心的信贷构成了社会生活的基本动力之一。在我们的研究中将经常看到一个现象，即先进文明总是和信贷结合在一起，而《汉谟拉比法典》就是这一现象在历史上的第一个范例。

古希腊的信贷和农奴制

对古希腊历史最具影响力的法律，都是在从原始到古典时期过渡的社会大动荡中颁布的。神庙普遍经营信贷，是其主要收入来源之一。信贷成为了希腊城邦激烈辩论和立法的主要问题之一。

公元前1世纪初，希腊各部族在希腊定居下来，这个原始社会中的人们把土地按部族中的各个家庭进行分配，并宣布家庭财产不可分割、不可转让。于是，每个家庭的子孙只能共同垦殖祖先留下的土地，别无选择。被放逐者、外族人或是私生子无权拥有土地。面对这样一个把财产所有权和宗族关系联系在一起的制度，那些被排斥在外的人，无论是因为个人抱负还是其他种种原因，只能征服和占有外部的土地。在不到300年的时间内，地中海变成了半个希腊海。当殖民者背井离乡建立起新的城邦后，都非常希望和家乡的城邦保持良好的关系，以便通过通商贸易创造更多的财富（Hatzfield，1969）。

殖民活动扩大了国家的疆土，经济环境和社会结构也同时发生了变化。原有的一些大家族领地开始分裂。一场法律和经济改革更是改变了所有制，首先就是把财产、后来又把土地的所有权从家族转移到了个人。根据这一改革，财产常常在一家之主死后被分割。

城邦的发展改变了每一个家庭占有大量田产、基本上自给自足的原始状态。贸易的发展推动了工业，农业不再是创造财富的唯一途径。技术进步和贸易增长产生了重大的社会影响。权力不再完全依靠拥有大量田产；商人社会正在通过动产发财致富，货币的使用让对动产的操控更为便捷。许多家庭通过这类交易赚取了大量收入，因而能够在其生活的城邦中发挥举足轻重的作用。

与部族逐渐瓦解和社会个人化这一过程相反的，是社会底层境况的严重恶化。贸易和大宗田产带来了巨额财富，但是贫苦农民因为田产继承和地界纠纷而导致的租契不稳定，只能在小块土地上苦苦谋生，往往养不活一家人。如果遭遇疾病或歉收，农民可以靠借贷熬过冬天，但借贷就有可能失去土地。最早的抵押就起源于这个时期。当然，借贷者时来运转还可以赎回财产。但是如果到了结算之日没有还清贷款，土地就得抵债。结算日之后，借贷者本人，或是他的老婆孩子就都归放贷者处置，可能被卖为奴隶。如果放贷者决定留着他们继续耕田，则大部分收成就是债主的。因此，无力还债就是奴役生活的开始（Gaudemet，1982）。

当然，公元前8世纪这些与信贷相关的经济状况并不是农奴制度的唯一成因，但这些状况的确有利于农奴制的蔓延，也特别显露出这一制度的压迫性质。希腊部族中本没有农奴制度，无论荷马还是赫西奥德（Hesiod）[①]都不曾提及。穷困破产者的社会要求、取消债务和重新分配土地，使世袭贵族和新兴富商之间的权力之争更为激烈。信贷只是震撼整个社会、对其产生深远影响的许多变革之一。尽管如此，几个世纪之后，信贷还是成为了哲学家的主要目标。他们在攻击中声称，取消收取利息的信贷就能让我们重

① 公元前8世纪的希腊诗人，代表作有长诗《工作与时日》、《神谱》。——译者

返黄金时代。这也是信贷第一次在历史上成为社会变化造成的混乱的替罪羊。

梭伦的伟大法律改革

公元前621年左右德拉古（Draco）[1]进行的法律改革，为希腊社会的演变带来了巨大进步。根据改革，以家庭为单位共担责任为基础的古老法律，让位于由个人对国家负责的这一更为先进的概念。这一改革后来证明是不充分的，因为它未能解决当时的社会和政治危机。在阿提卡[2]，权力仍然掌握在几乎拥有全部土地的少数贵族地主手中。在他们面前，手工艺人、店主、欠债或是被赶出其田产的地主，完全没有抗争的能力。一股强大的愤懑的潜流，渐渐变成了一种反抗精神。

公元前594—公元前591年间，梭伦这位游历广泛、靠贸易发了财的贵族、同时也是政治家和诗人，开始了意义深远的改革。他禁止土地的分割，但是剥夺了放贷者将资不抵债的借债人或其家庭成员变为奴隶的权利。因为欠债而失去田产的地主又重新获得了所有权。梭伦既扩大了公民的自由，也扩大了公民拥有的土地（Finley，1985；Glotz，1986）。

荷马时代的司法原则就像东方的法律，好像是神圣之笔写成的。梭伦是早期哲学家的理想伴侣。在他们的影响下，法律世俗化，

---

① 公元前7世纪雅典立法者，依据习惯法编制雅典第一部以严酷著称的成文法，故后世称苛法为“德拉古法”。——译者

② 古希腊中东部一地区。——译者

变得更为客观，成为理性和人的努力的产物。法律和宗教脱离，这不亚于一场文化革命。秩序不再被视为取悦诸神的东西，而是成了社会生活的一个基本要素。人们也不再像赫西奥德那样，认为违反法律就会招致诸神发起的灾祸，比如战争、洪水或饥荒。对梭伦来说，违反法律带来的是社会性质的问题，或者是内战，两者都是世俗秩序被打乱的直接结果，与神的惩罚毫无瓜葛。梭伦恢复城邦秩序与和平的办法，就是实行新立法。

尽管政治风暴在整个公元前6世纪一直影响着许多希腊城邦，但工商业的进步有利于财富的增长。商业贷款得到发展，并从5世纪开始成为国家经济繁荣的促进因素。财富的增加和货币的使用为投资铺平了道路。更大规模的市场活动产生了对贷款的需求。贷款为有息贷款，通常有书面契约，由借贷者和放贷者当面签写。这个时期的希腊城邦尤其兴旺繁荣，收取利息的贷款也被好眼看待。即使国家也会为一时的急需，比如打仗的需要，而毫不犹豫地借贷（Bernard，*DTC*）。

法律没有规定利率的限度。尽管如此，和平盛世的利息从未高出每年18%，只有一些海运贷款因为当时海上运输的风险极高而成为例外。不同神庙之间甚至存在一定程度的竞争，利息低名声就好，提洛（Delos）[①]的阿波罗神庙只收10%的利息就是有名的例子。但是，大希腊以及后来整个亚历山大统治时期，利率都接近24%，最高的利率是公元前3世纪托勒密二世规定的（利率详情，参见Homer，1963）。

---

① 位于爱琴海中的希腊岛屿，传说是阿耳忒弥斯和阿波罗的诞生地。——译者

对有息贷款的第一次哲学谴责：柏拉图和亚里士多德

公元前6世纪和公元前5世纪，信贷为人民和当局广为接受并起到积极作用，但这并没有挡住诸如柏拉图和亚里士多德这样的显赫哲学家对它进行谴责。研究他们的谴责意义重大，因为他们的观点在中世纪被神学家广为采纳，用来阐述自己的高利贷理论，而这种理论至今仍然影响着我们对信贷的态度。

对柏拉图来说，立法的主要目的是要弘扬道德价值观，惩治非理性的行为。他推动了自然权利和自然法则概念的确立，这两个概念后来成为西方法律思想的基石。法律秩序超出和凌驾于立法者的有限思维之上的思想，一直流传后世。

总体上说，柏拉图几乎不赞成经济发展：富人不可能有德行。因此，应该禁止公民从事“生产性”职业，因为他认为这样的职业让人堕落。相反，公民应该全身心投入到城邦的事务中去，在这样的“理想国”中，贸易无足轻重，市场也稀少罕见。在他的乌托邦城邦中，他不仅禁止黄金、白银，而且也颇合逻辑地禁止放贷。但是，这样的决定与其说是出于道德的考虑，不如说是因为对卑下交易的自然反感，以及一种“民族主义”。这种民族主义因为城邦财政反复受到干扰而在雅典的政治中愈演愈烈（Bernard, *DTC*; Taveneaux, 1977）。

亚里士多德也努力重建法律与自然的和谐。对他来说，自然依循一种理性秩序。自然法则适用于一切，以人人共有的普遍理性为基础。他还提出自然公正，认为这是美德的最高形式。由于自然法则的普遍性使其过于宽泛，因此就有了人主动制定的法律与其并行，管理和组织社会。

亚里士多德谴责高利贷，认为它不符合货币的真正性质。货币只是一种约定，主要目的是便利交易，不过他承认，货币也可以用来保存价值。他根据这种推理，把自然之物和约定之物进行了区分。只有前者可以再生，而后者除了人所赋予的，本身不具备真正的存在。因为货币是一种约定，所以不能再生。此外，在社会各行各业中，放债人最为卑下，因为他企图用没有自然生殖力的货币赚取利润。货币除了作为物品交换的共同衡量手段之外，别无其他属性和用途。按亚里士多德的观点，憎恶放债取息完全正确。正因为这类贷款，货币本身变得可以再生，偏离了其根本功用，即便利交易。此外，利息增加了货币，于是在希腊语中得了“后代子孙”的雅号。就像孩子自然和双亲相像，利息相对货币也具有同样的性质，是货币的后代，这种观念完全违背了自然，因此应不惜一切代价予以抵制。在所有获得财富的手段中，这是与自然最为抵触的一种。从这一分析出发，我们就找到了中世纪的著名公式：“钱不生钱”（money does not beget money）。这一论断常常被用来支持对有息贷款的谴责。

亚里士多德为众多领域打下科学知识的根基，但在经济学方面，就只有他的价值判断，特别是对利率的分析可资贡献。他给贸易的价值很小，认为雇工是低贱的，尊崇农业。他的经济思想带着社会歧视的特点，偏爱的是大领主，他们唯一显赫的职业就是武士和地主。其他职业，比如贸易和工业，应该留给奴隶和外乡人。他对高利贷的谴责，首先是基于他对放贷者的蔑视。

罗马共和国的信贷与社会

罗马和所有古代社会一样，其法律也是以惯例为依据。但是，从共和国建立以来，成文法逐渐代替了惯例法。其中最为著名的是查士丁尼之前一直都被罗马人视为其法律根基的《十二铜表法》。按传统说法，公元前450年《十二铜表法》颁布了具有经济社会性质的22条法规。这些条文与所罗门的改革相似，也是力图解决公元前5世纪使城邦的贵族与平民相互敌对的社会危机。普通百姓受战争和劫掠之苦，债台高筑，总是面临沦为奴隶的困境。他们要求得到一份从敌人手中夺取的土地，而贵族掌管的元老院却想把持住贵族家族对土地的垄断。但是，元老院还是通过了一系列经济措施作为一种妥协，其中就包括了对利息的限额。对《十二铜表法》中最高利息（*foenus unciarum*）的解释尚无定论。有些人认为最高利息定在每个月1%，也就是每年12%，也有人说是8⅓%，亦即本金的1/12。第二种解释是较为普遍接受的解释。公元前88年，限额上升到12 %，成为著名的“百月利息”（*centesima usura*）[①]，规范所有交易达几个世纪之久（Bernard, *DTC*; Gaudemet, 1982; Homer, 1963）。无息贷款契约（*Mutuum*）要求借债人按照所借数额和质量，如数如质地还债。这与规定的利息（*usura*）相结合，就成了有息贷款契约（*foenus*）[②]。

---

① 指用一百个月还清贷款总额的利息率。见 http://penelope.uchicago.edu/Thayer/E/Roman/Texts/secondary/SMIGRA*/Fenus.html。——译者

② 另见 http://eh.net/encyclopedia/article/jones.usury。——译者

《十二铜表法》得到《李锡尼法》的补充。这部法是公元前376年为了响应人民的减债要求，由平民保民官李锡尼颁布的。这部法律免除了无力偿债的借债人的利息，本金余额延缓三年还清。但是，无力偿债的借债人仍然要受到债主的惩治，可以被囚禁、出卖，甚至处死。公元前326年的《波提利阿法》终于废止了这种死刑。保护借债人的法律由当时的保守派推行，似乎更多地是给人民一些补偿，以避免其他经济和社会事端。这种做法至今屡试不爽。

征战的胜利使公元前2世纪的罗马经济迅速扩张。迦太基之战和东征为国家获得了大片土地，元老院阶层的军队将领更是大获其益。公元前219年颁布了一项禁止元老院阶层进行海上贸易的法律。但是，他们靠从被战争搞垮的地主手里廉价购买土地而增加了自己的财富。战利品和贡品充溢了公库，而这些又倒流回去（ricochet effect），增强了元老、军事将领以及盟友城邦中同等阶层的权势（Rostovtsef, 1988）。

钱财、奴隶、牲畜和形形色色食物的大量涌入对经济大有裨益。大部分的新贵靠投机发了财，一心希望从此生活悠闲自在，而他们最可能达到自己目的的途径就是投资于土地。因此，公元前2世纪，对土地财产的占有迅速并持久地增长起来。土地所有者生活在城市或市镇，而土地则交给佃农耕种。劳动力不仅廉价，而且供应充足。贸易特别是进口增长了，罗马不停地消费，但产出却寥寥，不得不用战争中夺得的黄金支付进口的外国货。

社会稳定曾经是公元前3世纪罗马共和国的基石，而这时却因为社会变迁、活动的多样化以及大量财富在贵族手中的集中而开始动摇。随着军事力量的衰弱，原本依靠自由农民组成军队的传统罗马贵族制度，逐渐蜕变成了豪门望族把持的寡头制度。曾是军事精英的骑士团通过向农民征收捐税、犒赏和售卖武器，成为一群富商。贸易越做越远，于是票号钱庄（exchange bankers）登台亮相，把办事地点就设在中心广场附近，监督着外省的支付活动。他们大显身手，也颇有些肆无忌惮，常常短时间内就可聚敛大量财富，于是招来众怒。和这一小撮经济实力强大的人形成鲜明对比的，是罗马的无产阶级，两者中间没有强大的中产阶级作为过渡。他们大部分是重获自由的奴隶、无事可干的老兵、外国人和贫困潦倒的人，既无工作，也无产业，只能惨淡度日。主要从事农业的外省既要承受罗马的压榨，又要忍受暴虐的总督，而且随时可能眼睁睁看着自己的财产被没收（Gaudemet，1982）。

经过近一个世纪的政治动荡和危机矛盾，帝国终于建立，并开始了社会改革，以应对大众的要求。除了采取措施帮助处于困境的人，帝国减少了债务，并免除了低额租金。换言之，债务减免被用来敷衍表面的创伤，而更为深层的普遍问题却被遗忘了。

高利贷：帝国的痼疾

即使在帝国如日中天的时候，罗马人也极少在工业中投资。他们与希腊人不同，产出少，运出的也少。罗马社会可以说人口极为分散，购买力聊胜于无，只有几个主要中心例外。上层社会以贸易为不耻，甚至有法律禁止他们从事这样的营生。上流社会以乡间的田产为度，除了个别奢侈品从遥远的外国进口外几乎不购买任何东西，但是，他们的花销仍然奢侈铺张。自西塞罗以来，宏大的竞技活动和向平民慷慨施舍，成了任何人政治生涯不可或缺的组成部分。高踞统治地位的大家族往往现金短缺，又全无创业精神，于是主要集中进行三种产业：收缴外省罗马庶民农作的捐税，以获得社会声望为根本目的的土地投资，以及放高利贷。

高利贷甚至被誉为罗马的第一产业、帝国的支柱。孟德斯鸠对此描述精辟："可怕的高利贷，几度沉浮，终在罗马落脚。"（Awful usury，continually beaten down and continually rising up again，was established in Rome）小打小闹地放贷为社会不屑，但大笔的高利贷却完全可以接受，无须感到可耻。更有甚者，高利贷是增加财富的高尚途径。骑士和元老争相放贷给权倾一时之辈，给东方的国王，给城邦和社团，给富足的个人、特别是踏上了政途的贵族。在这种情况下，一笔贷款就产生了多重债务，甚至到了得到一省总督职位就有可能发财致富的地步。于是，榨取钱财在外省往往成了一种个人需要。罗马社会高层的资金问题引起了频繁的严重纠纷。一旦破产而放贷人又任其倒霉，借债人就会大祸临头：他可能被逐出元老院和他夺取的领地。每个大户的一家之主都有一个密库（*kalendarium*），里面收藏着还债日历、债据，以及准备出借的钱款。密库可以写在遗嘱中传给后人，对借债人的债权也就随之转移（Lot，1961；Veyne，1987）。

进入基督教时代后的两个世纪中，经济状况继续发展，海外贸易成为帝国财富的主要来源。这使得可移动财富（movable fortune）变得更为重要，外省的资产者也因此发展壮大，2世纪五贤帝时期海上贸易(*mare nostrum*)得到保障,其财富达到了巅峰。然而,好景不长,由于经济基础的薄弱,繁荣很快逝去。帝国的财政继续依赖征战的收获维持着。当这一切也无以为继的时候,财富的主要来源便枯竭了。3世纪时危机终于爆发。贸易衰退,原本活跃的富商破败潦倒,致使税收减少。与此同时,殖民占领军的军需和日益膨胀的官僚机构的开支,给财政造成巨大负担。人口危机又让这种局势雪上加霜。最后,令所有问题相形见绌的是宗教危机,它使大帝国模式的结构本身发生了动摇。

征战的果实被挥霍一空。小农受到税收和土地所有权的双重盘剥,终于沦落到被无情剥削者的行列。真正的自由农民面对连年歉收、强征兵役、征战连绵、战火涂炭,丧失了所有的保护。混乱和痛苦成了整个帝国的主宰。进入4世纪,罗马已经无力供给公民温饱、维持政务和犒赏军队了。

在希腊,借债人往往是急切希望用债款获利的商人。在罗马,借债人却往往是被战火、天灾和高筑的债台搞得窘迫不堪的农民。贵族和平民之间的关系靠着一方面对公众奢宴豪施,另一方面大放高利贷,竟然实现了一种奇特的平衡(史家把这叫作evergetism),这是罗马社会最为持久和最为有效的一股力量。面包和马戏(*Panem et circences*)长存在人们心中,而财政则由利息掌管。

免费的宴席靠高利贷的所得支付。换言之,平民其实是在为自己的宴席自掏腰包!这种极度的恶性循环导致了许多平民暴动。但是,高利贷这个社会的致命恶疾继续兴风作浪。贵族阶层中最为显赫的人物,其高利贷也最为残酷。老卡托对借债人无情地催租逼债，而塞内加尽管在其著作中谴责高利贷，实际上却毫无顾忌地大行其道，以增加自己已经巨大的财富。圣杰罗姆（Saint Jerome）是一位教父，也是研究4世纪罗马帝国的专家，曾在东、西罗马都供过职。他在自己的记录中曾惊惧地写道，当时的利息已经高达50%。因此，高利贷似乎已经成为一种痼疾，而且日益恶化，而城邦和帝国却被各种问题缠身，对此无暇顾及。正因为如此，处在发展初期、靠完全重新诠释社会获得生机的教会，把高利贷视为了自己的首要敌人。为了打击高利贷，教会开始严肃审视自身的哲学根据，并记载在圣经中（Taveneaux，1977）。

改革派本着类似的精神，认为他们可以通过固定利率挽救帝国的危机。其中最为重要的是彻底修订了借贷立法的查士丁尼。他没有像教会主张的那样取缔高利贷，而是降低利息，把个人之间的私人贷款利息定在6%，银行和其他商人之间的借贷则可上浮至8%，海事或食品贷款的利息还允许达到12%。查士丁尼规定，一旦利息达到与本金同样的金额，就必须停止收取利息。

当法庭判决借款人有罪时，判决的执行——无论是没收物品，或是极端情况下的人身监禁，已不再由放债人决定，而是法官的直接责任。查士丁尼的法律条文是历史上第一部专门规定信贷的大型法典，它对信贷活动做出了完整界定，涵盖了最高法定利率到回收手段的各种内容，还对不同种类的贷款和借债人进行了区分。法典颁布的年代始自公元533年。查士丁尼法典树立道德准则的企图完全值得称道，但显然法典并不能全面解决已入膏肓的社会问题，罗马帝国最终还是土崩瓦解了。在这里，信贷再一次被误解为当时各种问题的根源，而不是雪上之霜。查士丁尼法典的各项规定仅在帝国的拜占庭时期施行。到了西罗马帝国，整个社会被敌人的入侵、战争的涂炭和各省的封建化搞得颓败萎缩，信贷从人们的生活中消失了。一个没有信贷的社会是没有未来可憧憬的社会。

第二章　施舍抑或高利贷

《圣经》禁令

希伯来人是首先谴责放贷取息的民族。《旧约》中规定了三种禁止的情形：

《出埃及记：XXII》：如果你借钱给我的一个百姓，即你中间的一个穷人，你对他不可像放债的人，向他取利。

《申命记：XXIII》：借给你兄弟银钱、食物，或任何能生利之物，你不可取利。

《利末记：XXV》：如果你的兄弟贫穷，无力向你还债，你应像待外方人一样或旅客一样扶持他，叫他能与你一起生活。借给他银钱，不可取利息；借给他粮食，不可索重利。[①]

这三段在公元前9世纪到公元前6世纪写成的文字，构成了两千多年来欧洲禁止高利贷立法的根基，同时也是两千多年犯法和钻法律漏洞的根源。这些文字几乎从来都是被当作宗教教条来阐释和分析的。在考察其哲学和道德演变或影响之前，先研究一下其产生的历史背景，会别有意义。

---

① 《旧约》译文，摘自 http://www.catholic.org.tw/bible/index.html，其他《圣经》译文同。——译者

以色列民族是在文明已经存在一千多年的那些地区，首次出现在历史的地平线上的。公元前1000年左右，古希伯来部落移居迦南，并逐渐形成了后来的以色列部族。这些部族的祖先过着游牧生活，是住帐篷的牧民。他们的平均社会倡导人人享有同样的粗茶淡饭、布衣帐篷，草原和泉水归整个群体所有。社会结构以大家庭也就是氏族为基础，权威和影响力不以财富论，而是掌握在长老手中。

希伯来人初到迦南，就力图使这种制度永久存在。但我们只能从那个历史时期找到这一古老制度的些许残片。以色列大众吸收了分割土地的原则。很快，只有拥有土地的人才拥有作为部落成员的全部权利，社会开始首次根据财产的多寡出现分化的迹象（Lods，1948）。

在这方面，征服者接受了迦南较为发达文明的规则，最为明显的表现就是定居者很快采纳了当地居民的生活方式。以色列人学到了农业知识，并开始在城市生活。他们甚至还在一定程度上改变了自己的语言，对当地的神灵也没有不屑一顾。每一个区域都保留着自己的传说和圣地。新居民接受了这一切，也加入了庆祝诸如与季节相关的各种节庆盛宴。原本按氏族组织的以色列社会，缓慢但却坚定地变成了以领地结构为基础的社会，部族统一的历史意识开始模糊起来。但是，一个人数不多但影响深远的群体仍然忠实于摩西传统的教诲，他们就是利末教士。边远的牧区也忠实维护着沙漠祖先的传统。

菲利斯之战促进了强大统一王国的形成，农业精耕细作，开始出现高产，贸易和商业也得到显著发展。国家和平稳定了，于是聪明的农民便得以通过操控土地和粮食发家致富。靠对外掠夺发财或得到国王宠幸的贵族阶层也开始形成。所罗门王宫廷采取的生活方式,与当年沙漠生活的原始和简朴已相去甚远,而这又加速了以色列社会向不同阶层的分化。地方显要为满足自己突然膨胀的奢侈需求,各种手段无所不用。他们向犯法的人施压,剥夺穷人的财物,小农稍有不慎就会让他们抓住机会,成为放贷和逼迫高额抵押的对象。他们收缴无力偿债者的土地,把他连同家人卖为奴隶。于是,小地主逐渐消失,少数大地主构成的新阶层形成,伴随而来的是越来越大的贫困农民阶层。游牧时期的平均社会制度被彻底打破,由此而引发的愤恨是不难理解的。

然而，好景不长。亚述的威胁使战争变得旷日持久。经济的衰退加深了阶级分化和社会矛盾。一场场灾难给小农带来了日益沉重的打击。外敌入侵、地震、蝗灾、旱涝交困,无情地吞噬了多年辛劳的果实。最为贫穷和不幸的农民迟早都会失去自己的田地,土地所有权集中到了少数大地主手中。这里应该指出，只有在无力偿债者只能把所有权转让给债主，或者一个盗贼不得不出售土地支付罚金的时候,财产的转移才能进行。即使在后一种情况下,法律体系也沿用了氏族规矩，规定盗贼的亲属拥有占有其财产的优先权。这些亲属承担着为家族获取土地的道德义务。但是，如果无人能够做到,土地就会落入他人之手。

巴比伦和埃及的财产垄断在遥远的过去已经存在，而以色列却要到其发展的后期才有了同样的经历。

先知启示

战争和苛税耗尽了经济资源，罗马因为资金匮乏而苦苦挣扎。拥有作为一个大帝国的所有财富的亚述，信贷利息平均达到约25%，然而在穷困的巴勒斯坦，利息却远不止于此。仅债务的利息一项就可以让贫困农民失去生计。以色列的法律和其他中东古国一样，允许债权人要求借债人以期限可达六年的劳役还债。结果，许多希伯来人成了自己债主的奴隶。劳役结束后，他们别无选择，只能加入到无地短工的大军中去。大部分人没有任何租期保证，成为季节性甚至永久性无业游民。这种紧张的社会局势不可避免地会导致宗教的卷土重来，因为古代以色列的政治和宗教是盘根错节、紧密联系在一起的。于是，借钱、放债作为混乱社会的象征，引起了先知们的震怒（Baron，1986）。

他们的激烈谴责首先发聩于南部和东部的草原地区。这些省份的经济发展迟缓，因此成了财产氏族集体所有制活生生的记忆。这些地区坚定不移地反对私有制。利甲族人（Rachabites）[①]追忆当年族长当家和早期移民的时代，认为那才是理想社会的代表。他们要求财产公有，畜牧社会至上，贬低工商业和农业。

先知们在总体上并不赞同这些极端的游牧民族思想。他们和立法者很相似，愿意赞扬以往理想社会的好处，但这不意味着他们希望退回到游牧生活。他们大体感到也许的确应该保持祖先的俭朴生活方式，也许以色列的所有问题都是由外部、特别是迦南渗透

---

① 又可译为“绝对禁酒者”。——译者

进来的，但他们把对自己人民功过是非的评判留给了历史。以色列的先知们起而反对迦南和它的制度。放债取息来自迦南，让它毁灭吧！然后重振摩西的传统！

这个时期的法律仍然被认为来自神的旨意。于是，在先知们的影响下，高利贷被认为是一切社会邪恶的起因、应该限制的思想得到采纳。在构成犹太法的所有法典中，最早的十戒无疑是先知精神渗透最深的一部。这也正是为什么十戒派以及后来的犹太教和基督教对它高度重视的原因（Lods, 1971）。

汇编入《约书》（*Book of Convenant*）的民事法律写成于公元前9世纪，规定因为欠债不还而被迫为奴的人在六年后必须获得自由，这与《汉谟拉比法典》规定三年期限具有相似的性质。但应该强调，君王往往会攫取传统上不曾拥有的权力。法律在理论上和人们的生活中相去甚远。大部分法律由僧侣阶层制定颁布，他们有立法的法律权利，但不掌握执行的实际手段。这就造成了我们所看到的圣经法律的教义和理想主义味道，公元前7世纪写成的《申命记》尤其如此。

约西亚是犹大国的十六世国王，是他为《申命记》的完成提供了条件。他也是唯一认为自己受法律约束的国王。他竭力确保大部分的先知教导都包含在法律之中。约西亚进行的改革与构成《申命记》的所有法律和训诫之间，存在着直接的有机联系。《约西亚法典》是希伯来历史上最伟大的改革之一。公元前622年，法典颁布实施，这比所罗门的改革早了30年，比罗马的《十二铜表法》更是早出了一个多世纪，并且对基督教的神学思想产生了重要影响。禁止高利贷一直处于基督教思想的核心，而在《约西亚法典》中却仅有一个条款,而且仅仅涉及希伯来人内部的借贷。这种现象可以给我们双重启示。首先，约西亚夹在巴比伦人和埃及人两大劲敌之间,希望用先知的教导把人民团结起来,重新建立社会的凝聚力。其次，这种统一求同的努力后来被基督教神学家简化和抽象为简单的对高利贷的禁令，而没有顾及这些法律编撰时的历史背景及其加强社会凝聚力的象征意义。

看一看基督教心态缓慢的成型过程，我们就可以更好地了解这些圣经禁令的意义。我们只需记住，按照基督的教导，基督教的基本祈祷词《天父经》(*Pater Noster*）就专门说道“*dimitte nobis debita nostra sicut et nos dimittinus debitoribus nostris*”，即“宽免我们的罪过，因为我们自己也宽免所有亏负我们的人”。这一文本最初用亚拉姆语写成,后来是希腊文、罗马文,最终被译成了世界上各种文字，包括在《马太福音》第六章中。我们不要忘记，其中的福音是四本福音书中最为具体的,这大概是因为撰写者原本是税务官的缘故。17世纪法文中“放债人”一词也因此而为“fesse-Mathieu”(fait-ce-Matthieu，即“马太的差事”)。这一事实构成了与“不忠实的管家”[①] 这一寓言的矛盾，而寓言又是谴责信贷的一段重要文字，因为我们在其中发现了借债人在债务还清之前人身自由受到限制的做法。寓言本身无疑证明，尽管有《圣经》(《马太福音》第十八章）的不停诅咒和禁令,放债借钱仍然普遍存在！以行医为生的路加（第十一章）则以比喻的手法祷念《天父经》，他讲的是宽恕罪孽,只是在第二部分“……因为我们自己也宽免所有亏负我们的人”

① 见《路加福音》第16章。——译者

中才保留了借债人的形象。多少世纪以来，晨祷晚祈，债务和罪孽相互比拟，成为了对利息的教会禁令、继而民事禁令的依据。

宗教制裁和教父

查士丁尼在6世纪颁布规管信贷的法律条文时，基督教教父们已经为反对有息贷款而斗争了两个世纪，而且已经把高利贷，也就是任何金钱或食物的获利，宣布为一种罪孽。基督教道德经常被视为产生于罗马世界，是从帝国边缘地带输入的一种现象。实际上，斯多葛派和伊壁鸠鲁派早已在内部为其准备好生根的土壤，社会的主流心态已经充满了对商业活动、金钱和信贷的鄙视。于是，新兴的基督教发现自己的思想在当时的世界受到欢迎。3世纪时，教父们以慈善和善待邻人的主张，在《旧约》中规定了禁止有息贷款的戒律。当时只有民法规范的高利贷，开始成为永久打入地狱的罪责。

亚历山大里亚的圣克雷芒（Saint Clement of Alexandria），是一位希腊神甫，卒于公元220年。他是最早依据《旧约》典籍谴责信贷的人物之一。更有甚者，圣巴兹尔（Saint Basil）（329—379）和尼撒的圣格列高利（Saint Gregory of Nyssa）（331—400）[①]等几位卡帕多细亚神父（Cappadocian Fathers）[②] 领导了一场反对财富

① 原文如此，但《大英百科全书》中载生卒年为“335—394”。——译者

② 指西撒利亚的圣巴兹尔及其弟尼撒的圣格列高利、其终身挚友纳西盎的格列高利三位神学家。他们在4世纪确立了基督教中的“三位一体”教义。详见 http://wwwa.britannica.com/eb/article-67683。——译者

的运动，用更为严厉的《圣经》教义攻击高利贷。早期基督教本着新宗教的变革热情，追根求本，采取了一种极端的道德立场，和约西亚重返摩西传统类似。

圣巴兹尔是该撒利亚的主教、修道院生活的创始人。他说，窘迫时乞讨胜于借钱。"总而言之，若一人被剥夺一切、再无力承受劳作负担，则乞讨受施更佳。"祈求施舍作为一种制度性行为，多少世纪以来都是基督教的基础之一。贫困被东罗马帝国修士的行为极端理想化，又在西罗马帝国被阿西西的圣弗兰西斯（Saint Francis of Assisi）发挥到极致。在基督教徒的集体潜意识中，高利贷代表着与施舍相对立的另一个极端：一方面是一己的极端崇高，另一方面是日常生活的平庸无聊。直到15世纪和16世纪的伟大宗教改革家的出现，施舍才被贬低为寄生虫式生活的表现，借贷才被视为创业精神的证明。

圣巴兹尔的布道是对《圣经》的首次重要研究（Cremona, 1991）。他所持立场的依据是《申命记》中的戒律以及《路加福音》中的名句："行善施舍，不求回报"。

这位该撒利亚的主教对高利贷进行了无情的抨击。他的谴责因为涉及每一天的生活而变得尤其可怕。对借债人，他说：

> 你来寻求帮助，但却找到了敌人。你来寻医觅药，却只得到了毒药。钱到手中，你有了一时的高兴和轻松。但是，钱要消失，时间流逝，利息增长。夜晚不再带来休憩，白昼不再给予光明，太阳失去光彩，你开始痛恨生活。

对他认为连狗都不如的放高利贷者，他会说：

> 你从不停止犬吠，永远要得到更多。你的债户起誓，你却不相信他。你搞清楚他家的所有，然后在他房前站定位置，敲开他的家门。你在他的妻子面前羞辱他，也不回避他的朋友。在市场中你拦住他的去路，让他的生活变得难熬。高利贷是谎言的开始，是恩将仇报和背信弃义的温床。它的结果是毒蛇遍地。据说，毒蛇是咬破母亲的肚皮而出生的。利息就生自吞噬债户的房舍。与此相反，怜悯穷人的人奉献上帝，上帝会补偿他。

在基督教传统中，没有任何人比圣巴兹尔对有息贷款的惩治更为严厉了。他产生了深远的思想影响。实际上，他是基督教会持续一千多年完全禁绝利息的奠基人，其影响深远，甚至可以在庞德的《诗章》中听到他的余音。

他的弟弟尼撒的圣格列高利短于具体，长于理论。他发展了钱不可再生的理论，这也是后来圣托马斯从亚里士多德那里借鉴的观点。他还强调了高利贷的社会风险：穷人增加，家庭破产，贪婪挥霍，走投无路的债户一无所有，只剩痛苦（Bernard, *DTC*）。

4世纪后，拉丁教会（Latin church）的教父们也开始攻击高利贷。米兰的圣安布罗斯（Saint Ambrose of Milan）为此专门写了《托庇书》（*The Book of Toby*）。他以宗教的名义谴责有息贷款，因为这严重损害了永世的拯救，而且有悖自然法则。他特别强调

《申命记》中对“兄弟”间借贷的禁令，但允许“非兄弟”，也就是陌路人之间的借贷。

不仅如此，有意思的是，《圣经》中这种对“兄弟”和“非兄弟”的区分，在另外两个起源于《圣经》的宗教，即犹太教和伊斯兰教中，也得到严格实行。由于这一区分，我们也就颇为顺理成章地在每一宗教世界的边缘地带找到了放债人。这些宗教虽然是对头，但对彼此的存在却是心知肚明的。中世纪时，加泰罗尼亚人（Catalan）、伦巴族人（Lombard）和卡奥尔人（Cahorsan）都分别专门针对“非兄弟”的穆斯林放贷，并因此屡遭教皇的指斥，不是因为放贷，而是因为他们的两面派行为（Nelson，1949）。至于犹太人，他们作为放债人在基督徒和穆斯林中名声自不待言。除了这些具有教规性质的理由外，有些教父还借用亚里士多德的思想，采取了一种哲学上的立场。他们起初谴责的并非有息贷款本身，而是滥用贷款的行为，这正是当时罗马最严重的社会祸患。他们谴责的高利贷是对穷人收取无理的高利息，认为这种利息无异于对借债人的一种奴役。对他们来说，向不幸者无偿贷款是一种神谕。

希腊教父的名字常常和他们布道的城市联系在一起，而这些城市则往往饥殍遍地。对他们来说，借债人就是未来的流浪汉。但是，放债人不是他们攻击的唯一目标，他们还反对国家的压榨，认为实物形式和货币形式的税负，与领主的肆意盘剥以及没完没了的强制劳役属同一性质。在这个方面，他们代表了社会的道德良知。

穷人是秃头上的虱子，明摆在人们眼前，而穷人集中的城市尤其如此。缺胳膊断腿的、穷困潦倒的、流浪的、逃荒的，成群聚集在教堂的大门前，或是蜷缩在庭院中。他们无名无姓，是社会经济的残渣。正因为他们无名无姓，他们才被选中，成为基督徒们赎罪的对象。向穷人施舍成为忏悔和弥补过失的基本内容之一。

4世纪的基督教会仍处于世界的边缘，权势和等级的巨大压力在不断推进和修整着主要的社会结构。尽管基督教已经成为强权者的宗教，但基督精神仍然势单力薄。

宗教团结的强大意识，逐渐把基督教徒们凝聚在一起。他们施舍，为不幸者提供谋生的机会，用这些手段保护教徒中的弱者，使他们免遭违背上帝的雇主和债主的欺压。犹太人也是如此。向穷人施舍成为教徒团结的主要标志。用这种引申出的富有者和穷人之间的团结，取代罗马的盛宴和高利贷，一直是异教社会向基督教社会转变的一个确凿例证（Brown，1987—1991）。

从4世纪初开始，大公会议、特别是325年的尼西亚大公会议（the Council of Nicea），就禁止了神职人员之间的高利贷，因为这不符合基督团结和超脱财富的精神。然而，尽管5世纪时对神职人员的禁令已经普遍实行，但要等到查里曼大帝时代，禁令才扩展到世俗社会。

第一个世俗禁令：查里曼的《通令》

加洛林时代初期，经济发展依赖的是战争和掠夺，而不是生产和贸易。查理·马特（Charles Martel）、“矮子”丕平（Pépin le

Bref)[①] 和查里曼随时随地聚敛着财富,对追随者大加犒赏。他们不仅根本没有想到要通过节省和放贷增加财富，甚至从根本上反对这种想法(Duby,1978)。

加洛林社会的经济组织只允许一种形式的信贷:过渡贷款。加洛林帝国除了北部沿海地区外,基本是一个陆地大国,生产和消费主要在广大的领地中发生。这种局面是康斯坦丁大帝后罗马帝国开始发生的内部变化的结果，同时也得到了外部因素的推动。野蛮的西方世界经历了日耳曼人入侵的蹂躏，又因为查士丁尼的卷土重来而丧失了地中海地区的部分地盘，最后终于被阿拉伯人打垮了:水上有海盗,路上有土匪,萨拉辛人(Sarrasin)长驱直入普罗旺斯和阿基坦，伊斯兰和拜占庭进行着战争和经济的较量。但贫困在西方不是什么新鲜事。日耳曼人大量迁移，从易北河到莱茵河之间的广袤土地变得荒无人烟。更雪上加霜的是，这些被占土地上的野蛮民族已经无力恢复屠杀和饥荒造成的损失，法兰克南部尤其糟糕。生产、出口和支付能力都在下降,西方又倒退回了农业文明。村庄成为农民阶层的中心,到9世纪,农民已开始在村庄落户生根。

财富主要表现为土地财产，领地和自给自足是核心经济活动。贸易和货币交换不仅罕见,而且迟缓、落后。金币成了奇货,城市生活瘫痪,专门经商的人大部分销声匿迹。一切的重心从南

① Charles Martel,(676年8月23日—741年10月22日)，法兰克王国宫相，曾经实施改革，建立采邑制度，使西欧封建等级制度确立，绰号“锤子”（源于法文字“marteau”）。Pépin le Bref, 丕平三世(714—768)，法国加洛林王朝第一任国王(751—768)，绰号“矮子”丕平。——译者

部移到北部，而且更加日耳曼化。然而，货币从未完全在交易中消失，即使农民阶层也在使用。最为关键的一点是，货币从未停止作为交换标准的功能。当时的社会也没有愚昧到完全不懂什么是买和卖，只是不以此为生计而以。交换在经济中的作用不及劳役。在整个欧洲，农村人口普遍处于劳役制度之下，这种简单的经济依附关系，让卑贱的人依附于权贵，让穷人依附于富人（Bloch，1989）。

在这样的社会中，信贷没有作为一种经济发展动力的立足之地。但是，这样原始的农业社会尽管丧失了货币储备，却仍然纵横存在着商业性或其他性质的交换网络，高利贷依旧通行。无论一个人处在什么样的社会地位，他都不得不经常借钱，来应付各种需要。对农民来说，主要的借贷是过渡贷款，贷款形式以用于春播的种子为主。对贵族来说，借贷是为了维护自身在社会中的地位、装备麾下的骑士或是其他象征性开支（Duby，1978）。

要理解查里曼对有息贷款的强硬态度，就必须了解这些象征性开支的普遍威力。加洛林王朝靠政变夺权，自我加冕，想把自己的出身从记忆中抹去。教皇的私人特使圣卜尼法斯（St. Boniface）将圣油淋在“矮子”丕平头上，使加洛林王朝脱胎换骨为上帝选定的君主，并同时成为人民所拥戴的统治者。国王加冕典礼从《圣经》所载的时代就已开始，它为加洛林王朝赋予了君王的神圣权力。

教皇圣利奥三世把查里曼提高到神圣罗马皇帝的地位，使他不仅夺取了梅罗文加王朝的王冠，同时也将拜占庭“罗马皇帝”直到8世纪中叶还在行使的神圣权力集于一身。加冕本身就意味着他的权威来自上帝，他已成为上帝的代表，他的责任是上帝赋予的。他和扫罗（saul）、大卫（David）或约西亚一样，成为上帝选择出的领导新的上帝的选民、基督的子民的救世首领。

查里曼通过的法律，证明了他一直渴望实行与《圣经》中的先王别无二致的制度。在他最有名的《法规汇编》，也就是789年在亚琛颁布的《通令》（*Admonitio Generalis*）中，他规定了用于律己的普遍原则。他首先要我们铭记约西亚王的范例。根据《列王记》，约西亚王为在以色列全境确立对真正上帝的崇拜进行了不懈的努力。查里曼认为自己的首要使命是要领导上帝的子民获得拯救。在他的思想中，他担当的宗教和世俗责任之间不存在界限。于是，他开始着手保证经济活动不对神圣秩序造成干扰。他还是在《圣经》中寻找榜样，特别努力地要在商业行为、金钱的处置以及所有一切人们可能忘记基督慈善精神的交易中，加入道德的层面（Halphen，1977）。

加洛林王朝法令中包含的道德原则，只允许通过贸易补充国内生产的偶或短缺。买卖活动只能用来补充家用或馈赠他人，也就是作为维持自给自足和施舍经济的手段。贸易被视为反常甚至是乖张的行为，任何从事贸易的人只能收回其劳动成本，不应该从中牟利（Duby，1978）。

查里曼特别关注两个具有更大违背教规可能性的领域：奴隶贸易和有息贷款，两者往往相互联系。向世俗百姓放高利贷在《通令》中被禁，这是世俗立法中的首例。它援引并实行了626年克里希会议（Council of Clichy）所表达的愿望，使这一禁令具备了新帝国权力的全部象征威力。

从圣巴兹尔的坚定主张开始，基督教道德观就要求人们无偿地帮助邻友。806年的法律以《出埃及记》的一个段落为依据，宣称："一笔贷款就意味着给予点什么；要求偿还的正是所给予的，一点不多，这样的贷款才公平。"根据这条法律，高利贷就是"要求得到的多于给予的；例如，你给予的是十个苏，要求偿还的却更多；或者你给予的是一石麦子，而要求偿还两石"。高利贷可以遭到最严厉的惩罚：逐出教会。原则清晰明确，不能为世人所忘怀。

策划弑父夺权的洛泰尔一世继续了查里曼的事业。825年，他在法律中强化了对高利贷的禁令。他不仅明确赋予主教们追查和惩罚高利贷者的权力，而且让他们有权要求法庭支持其决定的执行，必要时不惜使用暴力。此外，他还对高利贷者的轻罪做出了包括斥责、罚款和监禁等的惩治规定。在832年的一项法律中，洛泰尔命令追查放高利贷的人，并把他们交给其主教惩罚示众（Bernard，*DTC*）。

于是，在整个9世纪，法兰克世界对高利贷穷追不舍，其严厉程度超过任何其他地方。国家和教会同时进行着普遍的改革。在查里曼及其继承者的倡导下，大公会教令层出不穷，重申着对神职人员和世俗社会同样适用的禁令。到加洛林时代晚期，教会已经掌握了继续打击高利贷所需的必要武器，并以自己的方式把这场斗争一直坚持到了13世纪。

加泰罗尼亚西哥特人的信贷和文明

哥特法不同于加洛林法，对借贷没有任何禁令，只是像希腊人和罗马人一样，做出了一些规定。加泰罗尼亚这个当时欧洲的文明中心之一，就可以很好地说明哥特人和法兰克-日耳曼人世界的差异。加泰罗尼亚最早的担保契约(deed of pledge)出现在973年，收藏在圣古嘎(Saint Cugat)的档案中。这种契约在11世纪的前半叶已经不断出现，但在10世纪最后的几十年中仍属罕见。与此同时，遗嘱也越来越重视由立遗嘱人收贷还贷所引起的问题。在150件遗嘱中，有72件都提到了信贷问题(Bonnassié,1975)。

这个时期的特点，是黄金、白银从伊斯兰世界大量涌入，商业交易日趋活跃。在980年和1050年之间，穆斯林第纳尔的流动对加泰罗尼亚的经济影响巨大，以至于整个地中海世界的货币名称都来源于阿拉伯人借用的拉丁字：在意大利叫“*danaro*”，在卡斯蒂利亚称“*dinero*”，而加泰罗尼亚则用“*diners*”。国家的产出远远超出人民所需，剩余促进了交易。经济极大繁荣，以至于没有足够的钱币用来开展交易，于是信贷得到大发展。

在这个经济体中，每个人都在放贷。神职人员中的放贷者司空见惯，城市中最下等的修士中都有他们的同道。吉勒姆(Guillem)就是一个例子。他似乎是许多身份显赫的人的债主，而且曾经被官方指定，向当地农民放贷。他似乎还创办了一个相当可信的信贷机构，有一位祭司高茨弗莱德(Gauzfred)在机构中服务，负责各种账目（担任更新贷款记录的工作），还有一位叫奥诺夫莱德（Onofred）的牧师（负责看管作为抵押的物品）。吉勒姆做的是自己的生意，还是巴塞罗那牧师会的代理呢？其实两者并不相互排斥：一方面他赚取的利润让他广置田产，但另一方面他又似乎直接受到教规的约束，听命于被他尊为其主的德达主教（Deudat）。无论具体情况如何，他都代表着在欧洲有明确记录的、最早的有组织典当行。哥特法允许利息这一简单的事实，就意味着我们今天可以查到他的档案。在执行法兰克法的国家，高利贷明禁暗行，无从查考（Bonnassié，1975）。

修道院只是非常偶然才担当东家，信贷也没有专业化：今天的借债人很可能明天就成了放债人，有些人甚至放贷、借债同时并举！借款数额常常不大，比如过渡贷款，但贵族的借款往往都是大手笔。

大部分签订的贷款期限在一年以内，以贵重物品或田产为抵押。一般说来，抵押品的价值大大超出贷款额。在法律上，债主成为抵押品的所有者，但如果是土地或居所，则借债人仍然有权收获产出和享有其他一切收益。借债人不得出售抵押品或进行二次抵押。法律对有债不还的情况下如何收回信贷，做出了明确的规定。债主必须在贷款到期后宽限十天时间，然后向借债人发出催还公告。如果借债人仍不还贷，债主就可以对他提出正式起诉。法官召集三人会议，决定事情的结局。如果放贷行为没有违反法律，则债主有权自由处置抵押品。

尽管当时的文件对贷款这一问题阐述明确，但在一个问题上却含糊不清：利息。法律规定最高利息为12.5%，但25%的利息也得到承认，被认为是合理的，50%到70%的利息也不鲜见。尽管这样的利息率令人咂舌，但我们必须在当时对信贷的需求大大超出了供给这一背景下来看待这个问题。

信贷合法并受法律规管时，信贷就成为了发展的动力，改善着生活条件，推动着社会的扩展。和加洛林帝国的森严相比较，加泰罗尼亚可以说是欧洲发展的主要支柱之一。我们得到了整套历史文档，使我们得以研究信贷的最初历史纪录，确定文明水平和信贷供应之间的关联。此后我们还会多次回到这个话题。

第三章　教会的两面态度

绝对禁止高利贷的原则根据《圣经》和神父们、特别是圣巴兹尔的信念而确立，直到12世纪仍岿然不动。盛行的神学依据是博爱和自然道德观，但这一思想哲学思维不甚清晰，论证上有失缜密，对不同类别也几乎未加定义。

12世纪的两大理论文本，即格拉蒂安的《教令》和(伦巴第的)彼得的《教父名言集》，产生于赞成维持以领地为中心的传统经济的经院思潮。两人都是意大利北部的修士。他们把基督教义总结为一个包括了《圣经》、神父的著述、教会大公会教规以及教皇令在内的有机整体。他们对信贷问题得出的结论可以概述如下：放贷在《圣经》(尤其是《传道书》)中是得到许可的，但如果要求得到的偿还，无论是钱币还是实物，超出了借出的，就构成了高利贷行为；如果贷出货币、得到实物偿还，而又明知贷款到期时实物的价值会超过贷款的价值，那么这也是高利贷。所有有息贷款都是偷窃，因此无论教会还是俗界都应予以谴责。彼得把高利贷列为第七条戒律所禁止的罪孽之一，而这一戒律通常只惩戒亵圣和劫掠行为(Bernard, *DTC*)。根据早期的经院传统，贪婪(*avarita*)位居七大罪孽之首，代替了曾经居于首位的高傲(*superbia*)，而高利贷又是贪婪的最高表现形式(Le Goff, 1988, *Your money or your life*)。从历史角度看,这具有非同寻常的象征意义:高傲是封建式的罪孽,而贪婪是与资产阶级联系更为紧密的罪孽;以后者代替前者恰恰生动地反映了当时的社会、特别是意大利城市生活的变化,也表现出早期的经院哲学尽管被贬视为对既往传统的简单收集,但还是能够洞察秋毫的。

中世纪的变迁

12世纪,世界开始变化。各种形式的有息贷款成为经济生活的重要因素和基本增长动力,在意大利尤其如此。

经济发展侵蚀着以军事、教会和农村为基础的旧社会。放贷让资产阶级的腰包鼓了起来,但损害了贵族的利益,因此遭到旧制度维护者的猛烈攻击。这个问题同时也是修道会和城市新兴思想家们著述的中心话题,以期找到某种妥协。教会内部权力的重新分配,对教皇来说有百利而无一害,但他还是迟疑了:对放贷,他先是谴责,继而容忍,再而规定出例外,总体上采取了一种务实的态度。

中世纪初期,战火连年不断,奴隶和掠夺是经济的两大基础。在1059年的拉特兰会议(Lateran Council)上,教会成功地实施了"上帝的和平"(God's peace),把某些人和财务置于上帝的保护之下。这种保护逐步扩展到整个经济生活,标志着完全以武力为基础的第一个封建时代的结束。经济结构不再依靠掠夺,军事进犯开始将矛头转向基督教以外的世界。十字军征伐的时代开始了。基督教的活动越是集中在地中海国家,贵族们就越加打破了过去的闭塞。其必然结果就是他们对奢侈、旅行、排场和精美物品的欲望膨胀。为满足不断增长的需求，他们就必须增加田产带来的收益。他们刺激农民们提高产量，以便换取贵族的庇护（Duby，1976）。

12世纪初期，社会仍然基本是农业社会，发展以拥有更多的农民为标志，但货币已在交换中起到越来越重要的作用。商业的天地在扩大，以工匠和资产阶级为主的城镇从千年沉睡中苏醒，开始兴旺起来。商人得到保护，各地都在进步发展。运河开通，港埠建立，交通和集市安全得到加强。城镇开始在脱胎于封建主义的新兴社会结构中发挥中心作用。货币成为最强大的权力工具。正是通过金钱，君王才能得到忠心耿耿的幕僚，才能成功地趁"男爵"们的窘境而渔利，才能征募骑士和雇佣军在其麾下冲锋陷阵。君主允许资产阶级积累财富，然后再通过征税或强行从他们身上榨取财富。资金流动性增强，使君主得以巩固自己的地位，而这种流动性依靠的正是资产阶级的信贷。但是，贵族并非商人唯一的借债人：货币已经开始流出城镇，流向越来越广袤的乡村，滋养着农村经济。货币从城镇流入村庄，使人们能够用金钱摆脱强制劳役、支付税金和购买产品。商业规模稳步扩大，货币和讨价还价逐渐渗透了农村生活（Duby，1976）。

贵族生活的排场越摆越大，对田产带来的收益形成日益严重的压力，无论教会的主教大人们还是世俗领主都感到入不敷出。但是土地几乎是他们拥有的唯一财富，因此，必要的时候，他们会卖掉这一财富的一部分。他们对待金钱的方式开始转为以借债为主。他们总能得到小额短期贷款，到了12世纪末，这已经发展为长期行为。首先受到影响的是最为富有、最具权势，也最为挥霍的贵族：君主在首位，其次是大型宗教机构，再次是地方领主。到1140年，克吕尼的教会已经债台高筑到无力自拔的地步。五年后，西多会教堂也开始借债。这一现象可谓自12世纪开始的欧洲经济发展新时期的最大特点（Duby，1976）。

货币的大量使用不仅限于贵族、教会和修士们。村民们也感到必须买进更多的东西。他们需要更多的金钱，满足各种需要：购买牲畜，增加耕作；更集中精力育畜；购进价格不断上扬的田产；换取自由民的法律地位和贵族给予的特许权利，或者购买城镇工匠制造的物品、农具和衣饰。在这几个世纪的繁荣中，农村债务的增加无疑成为了经济扩展、生活水平提高的标志（Duby，1976）。

尽管禁令仍然存在，但城镇中的基督教商人和他们的犹太同行一样，向农村居民发放有息贷款。他们通过这种方式使暂时不用的货币不断循环。经常得到金钱或金银施舍的宗教机构也照此办理。它们往往欠着一屁股债，如果教规不允许用善款还债时，它们就会毫不犹疑地把善款变成贷款。

很自然，在世俗法律禁止有息贷款的国家，如法国和意大利，人们就动法律的脑筋，避免被指斥为高利贷者。做到这点再简单不过！既然钱不能用来生钱，那就用贷款的抵押品挣钱！于是，从10世纪起，佯为捐款，实则在担保期满时退还给债主的做法发展起来。这种做法在12世纪进一步改善：借债人向放债人出售一种年金（annuity），年金数额相当于定期还款的数额，包括了本金和利息。如果借债人无力偿还，放债人就扣下抵押品。

出售年金很快成为法国的主要信贷制度。所有的人——教堂、领主、资产阶级和农民，都对它非常满意。可以看到，在某些地区，强劲的经济复苏［盐场、葡萄园、普罗旺斯的教会（Romanesque churches）等］和年金的出售有着极为紧密的关系，年金占到世俗和教会登记数额的1/4。在这几个世纪中，意大利的法学家们更为大胆。他们在销售协议的同时，还使用了购买合同。贷方佯装购买一件物品，而这一物品将在今后以较高价格卖给借方，这就形成了信贷。

宗教权威并没有立刻接受这一做法。在很长一段时间内，教会大公会议和教皇一再三令五申，禁止这种行为，宣布交易无效。1139年，第二次拉特兰会议再次重申将高利贷者逐出教门；1179年，第三次大公会议命令禁止为高利贷者举行私人丧葬。1148年，教皇犹金三世把抵押贷款谴责为间接的高利贷，教皇乌尔班三世重申了这一谴责。在经济需要和教会传统矛盾日趋激烈的情况下，接下来的三个世纪经历了深刻的变化。有息贷款成为哲学反思的一个主要焦点，现代社会由此产生。

封建世界对社会变化的抵抗

经济发展把活动中心从乡村移往城镇，政治权力也随之开始集中，并同时反映在教会中。货币经济的进步正在逐渐推翻传统的权力。

封建社会和教会的等级结构自然对这些变化进行了奋力抵抗。旧有的农耕经济抵制着一股新力量——货币的进犯，它是进步和现代化的工具，牵动着诸多内在的社会变革。发展最为有效的制动因素之一，是某些思想和传统模式的顽固不化，其中最为顽固的非骑士制度莫属。这种制度规定了人与财富之间只有一个值得遵循的模式：不进行生产，像贵族一样生活，拥有土地并对他人施威，而这些就是唯一正当的收入来源；有了收入，就要欢宴豪饮，以此作为战争的替代（Duby，1978）。

一旦世俗贵族最高层的财政困难加重、领主们欠资产阶级的债务开始积累时，当靠钱统治的方法迫使君王不得不舍弃贵族阶层，而从雇佣军和能掐会算的人中间挑选亲信时，这种闲散无度的骑士道德反而在封建的欧洲越发巩固。业已感到其优越地位受到了威胁的这个群体，构成了其阶级意识的盔甲。随着货币经济的加速发展，这种绅士道德也越发激烈地谴责着牟利精神和增加财富的欲望。

经济完全受制于道德，并在相当长的时期内维持着这一局面。衡量进步的标尺，仍然是土地的积累和对他人行使的权势，而不是资本的积累。但是，无论封建领主们做何感想，约1180年时，整个欧洲还是走到了商业时代的前夜；牟利的意志正在击退慷慨的精神（Duby，1978）。

以田产为主要财产的教会，也被卷入封建主义和农村经济的危机中。于是，与封建和农业社会密切联系的那些教会，也形成了对新秩序的抵制力量。有息贷款成为反对势力的共同的眼中钉。最猛烈的抨击、也是在我们集体意识中留下最深刻印迹的抨击，来自像圣伯纳德这样的布道者。他是西多会修士，一个勃根底贵族家庭最小的儿子，激烈反对经院哲学。

在浸透了封建和乡村精神的模范布道词中,（韦特里的）雅克（Jaques de Vitry）—— 11世纪上半叶最为出色的布道者之一，清晰地表达了他对以高利贷者为代表的资产阶级的看法："上帝规定了三类人：保证他人生存的农民和其他劳动者，保护他们的骑士，管理他们的神父；但是魔鬼规定了第三类：高利贷者。在人的工作中没有他们的份儿，他们也不会和人一起得到惩罚，而是和魔鬼一起被惩罚。他们从高利贷得到的金钱等于送往地狱焚烧他们的薪柴的数量。对贪婪的饥渴让他们饮下不洁之水，让他们通过谎言和高利贷得到了肮脏的钱财。正是因为这种饥渴，耶利米（Ⅲ，25）才说：'止住你口中的饥渴。'" 高利贷者似乎和这一绝对禁令做对，以死尸和腐肉为食，吃着靠高利贷得来的食品，这种食品既得不到十字架的圣允，也得不到其他任何祝福，于是就有了我们在《箴言》（Ⅳ，17）中读到的句子："他们吃着邪恶的食粮，饮着罪恶的酒浆"（Le Goff，1988，*Your money or your life*）。

13世纪初，同样是这个雅克，把商业城市谴责为"异端邪说的巢穴"，指责它们是卡特里派（Catharism）异端传播的原因之一，因为这一教派的教义不要求人们忏悔，因而也不要求人们退回不义之财。

从反对到妥协：高利贷的经院学说

教会逐步走出封建主义，开始受到萌芽状态的资本主义的影响。越来越多的富商阶层参加宗教组织，进一步推动了这一进程。围绕阿西西的圣方济各形成的传奇故事，正是这一转变的象征性表现。故事说，他出生于意大利中部一个繁华城镇，是一位富商的儿子。他光顾过欧洲所有的交易盛会，但却热切地宣扬以贫穷为本的主张，他的教派主张建立济贫当铺（国有典当行），这也是信贷方面的第一次重大社会创新。意大利几乎毫不犹疑地接受了他，把他视为自己的保护圣徒。这本身就表明了他在一个徘徊于新旧制度之间的社会中所具有的象征意义。在他的身上，社会找到了道德和市场经济的结合。后来，13世纪的新教派——行乞教派（mendicant），成为了商人阶层最坚定的维护者。他们谙知城市生活，更是竭力要从封建主义脱身出来的教皇的忠实仆从。他们最终为市场经济找到了意识形态和宗教上的存在理由。

于是，在传教征伐和不得不适应当时经济变革之间挣扎的教会，终于缓慢然而坚定地建立了一套完整而系统的教义，明确规定了高利贷的定义、例外和惩罚。与这一进步相对应的——雅克·勒戈夫对此有精辟的论述，是炼狱和个人忏悔赎罪的这一具有里程碑意义的发明，这样就有了计算评估死后灵魂生活，把商人、放债者和其他尚处萌芽状态的各色资本主义人物从地狱中拯救出来的必要途径。资本主义崛起和主要用于有息贷款的炼狱的发明，构成了现代社会的基础。教会在圣伯纳德和（伦巴第的）彼得之间、在早期经院哲学和宗教征伐精神之间找到了平衡点，以不乏大胆的举动，披上了新的神学外衣。意大利北部的神职人员和香槟市、弗兰德斯（拉昂和图尔奈教派）等商业城市处在这一现代化进程的核心，这本身也不乏特殊的意义。意大利人树立了信贷的榜样和对银票（bill of exchange）的维护，而弗兰德斯人则接受了炼狱，废止了公开忏悔（Le Goff，1984）。现代欧洲在这种意识形态的和解中诞生；把佛罗伦萨的银行与布鲁日的工业联系在一起的经济冒险，不过是这种和解在世俗社会的反映而已。

在经院哲学的整个黄金时代，特别是由于来自那不勒斯王国的圣托马斯·阿奎纳（1225—1274），13世纪被重新挖掘出来的亚里士多德哲学成为神学理论的基本要素之一。它与新教（evangelical）主张的结合，带来了道德生活的理性化。美德是遵从理性所规定的和谐的一切事物；罪孽则是打破这种秩序的一切事物。理想的境界，既不在于积累财富，也不在于生活赤贫，而在于遵从上帝意志规定的平衡。工商业可以对这一平衡做出积极贡献，但有几个条件：应有社会使用价值；利润保持适度；而最重要的是要通过个人工作或担当风险来获得利润。尽管有了这样的认可——后面我们还会看到为什么这是了不起的一步——但有息贷款、消费贷款或行业贷款（loans to industry）仍属非法和非理性的。

圣托马斯的论点以亚里士多德所发展的原则为依据，认为金钱是不可再生的，因为它可以替换（fungible）：钱不能生钱。高利贷［按其"挥霍"（use away）的词源意思］是为金钱的使用而付出的代价；但从所有者的角度看，使用了钱就是消费了钱，所以钱的使用不能与其物质实体本身，例如房屋，分割开来。因此，为用钱而付费，等于为根本不存在的东西付费。在这些论点的基础上，圣托马斯还加上了《启示录》中的依据。他根据《旧约》、特别是《申命记》中的记载，以及圣巴兹尔所奠定的传统，断言高利贷在本质上与慈善和基督徒对自己邻友的责任相对立，因此，是一种不可饶恕的大罪孽（Taveneaux，1977；Noonan，1957）。

圣托马斯的动机根本上是一种精神动机：高利贷是罪孽，因为它表示对现世的过分依恋，是对永恒价值的挑战，对基督式贫困的蔑视，对通过施舍求得恕罪这一不求回报行为的否定。在这里，经院哲学把放贷和施舍等同起来。鉴于13世纪初建立的行乞教派（mendicant order）自己选定的目标，这一观点就显得特别有理有据。行乞派主要是传道士。他们以打击异端为主要目标，努力传播福音的主张，以期这种主张弥散和渗透进所有的人、所有的组织。

根据经院哲学，高利贷一词适用于所有通过贷款获利的情形，包括通过贷款获利为主要企图的情形。契约的高利贷性质不取决于利息率过高、适度或很低。所有获利，无论额度多么小，只要是贷款所得，就是高利贷，对所借钱款的用途不予考虑。对经院哲学来说，贷款（*mutuum*），只能用于可替代物品（fungible），即可以丈量、称重或计数的物品。贷款实质上是一种无息契约。一旦它失去这一特点，就变成了犯下不可饶恕大罪的高利贷契约（*ipso facto*）。

这一教义已经清楚明了，但其应用更多的是在思想领域，而不是实际生活。当把它移植到实务中时，遇到的麻烦远远超出了在神学中的运用。财富的流入和对财富的需求，都增加了放贷和高利贷的机会。教会和俗世机智地掌控着各自的利益，最终形成了无数的宽限规定。我们甚至不禁纳闷圣托马斯和他的追随者是否故意对有息贷款在理论上大加谴责，以便到后来以同样的诚心诚意，再从神学出发，提出在实际中的补救办法。为了绕开对高利贷的禁令，他们提出了两种合法的办法：使用不会被定为伪装性贷款的法律契约（这样就无须像早期法官那样在法律上大动脑筋了）；以及对不包含在贷款内的契约，可以要求得到补偿或赔偿。

除贷款这种无息契约以外，罗马法还规定了另一种无息契约，即使用借贷（*commodatum*），用于不可替代物品（non-fungible），如马匹和房舍，其使用可以与物品本身相分离，当使用借贷人义务超过所获得时候，就成了完全合法的租契（*locatio*）。交换契约也是合法的，它规定的是一种预付贷款，可在异地而且往往用其他币种偿还。在合伙契约（*Societas*）中，合伙人各担责任并得到相应的利润，这也是高利贷罗网的漏网之鱼。最后，教义也准许规定贷款期满时未能偿还本金，则应支付一个定额的契约（*poena*）。

把这些概念移用到有息贷款上面，经院哲学的教义允许放贷者在四种情况下得到补偿：因逾期偿还而遭受损失（*damnum emergens*）；因放贷而放弃了有利的投资机会（*lucrum cessans*）；为伴随贷款的工作或服务付费（*stipendium laboris*）；以及在业务问题不明的情况下收取回报（*ratio incertitudinis*）（Le Bras, *DTC*; de Roover, 1971）。

经院哲学规定的这四种情形，构成了异乎寻常的违例。经院哲学家的理论谴责，常常被视为对货币经济的一种诅咒，但他们的分析实际上成为了信贷发展的最佳保证，既是道德化又是依据，因为人们很容易把利率的主要精算特点归类于神学家们所允许的这四种情形之中。在这种至今仍有人认为愚钝的神学中，蕴涵着经济实用主义的教益（我们不难联想到一些受到伊斯兰原教旨主义影响的银行所依据的神学观点，它们至今不收取利息，但要求客户支付服务费用和回报费用)。

中世纪的实践

这个时期,商人经常利用交换契约提供短期贷款(*cambium*)。长期贷款采取年金的形式,无论长期年金还是终生年金,都相当于完全合法的租契。长期年金是最为常见的做法,约12世纪末期出现在法国,在1240—1250年间使用甚广。如我们所见,年金的安排并未让田产的所有者失去所有权;他只是出售了田产带来的年收入或理论上的永久收入。另一方面,这一投资极其牢靠,因为一旦出现赖账的情况,哪怕只是一年的年金,年金的收取方都有权得到借债人的所有财物,或者得到契约中具体议定的田产。因此,放债人没有长期风险,除非年金规定为一定数额的现金,而货币又是不断贬值的。出于这个原因,年金常常规定为一定数量的粮食,农村地区尤其如此。

直到14世纪,年金市场一直十分活跃。经济状况好的时候,其利远远超过其弊:租金下降,而土地的价格却持续升高。因此,人们总是毫不犹豫地卖出年金,以便多多添置牲畜和工具。于是,13世纪中,年金把小农场装备了起来。神学家们在几经踌躇后,终于给农村和国家年金盖上了准许的大印。

在农村经济之外,有息贷款在社会上盛行,贵族、商贾、百姓和教会无不参与借贷。这是一个虚伪的社会,竭力掩饰着被禁的行为,明里对它谴责,暗中却依靠它;对放贷者一方面避之不及,一方面又予以宽容(Braudel,1981—1984)!犹太人和基督徒使用着同样的手段：佯装购买、伪造银票，伪造公证书中的数字等。尽管人们做着有息贷款的事，但仍免不了良心的惊悸。到了最后的时刻，悔恨往往使许多人为自己的高利贷行为赎罪，最著名的例子就是帕多瓦被乔托装扮得华丽无比的圣克罗齐教堂。这个意大利最有名的高利贷者的儿子，出资完成了这项工程，以求把自己从地狱中解脱出来，他的父亲就被但丁打入了地狱。另一个例证是在布鲁日格罗宁根博物馆收藏的扬·普罗沃斯特（Jan Provoost）的著名画作《三联画》（*Tryptich*）。该画以贪婪和希望为主题，我们可以看到画中死亡和放债人为了手中的票据讨价还价，然后这个放债人向圣尼古拉祈祷，请求宽恕他放高利贷的罪孽，并同时把这幅画献给布鲁日的多明我会。

在《神曲》中，高利贷是地狱的支柱之一。自亚里士多德以来，高利贷就被视为违背自然的行为，因而被打入第七级地狱，与其他违背自然的罪孽，如鸡奸、自杀、渎圣和暴力行为，受到同等的惩罚。

教会采纳了这一思想，并把高利贷者会被带进地狱的说法广为传播。教会是在对皈依者布道。城镇的工匠和农村的农民往往群情激愤地反对放债人，认为他们趁自己的邻人之危，将其财产变成了抵押品。这是两面态度导致的必然结果：老百姓早就痛恨经院法官们模棱两可的态度，社团甚至禁止其成员向宗教法庭申诉！他们终于建立起类似教规法的不伦不类的行业规则。世俗社会并非特别道德高尚，教会亦非一手遮天，但教会的训导却进入了每个人的思想，固定成了一种态度，在解禁后仍久久不能散去。对农民和工匠来说，由于经济状况所迫，借和贷纯属家常便饭。因此，他们对放贷者的传统态度，是出于针对自己的小打小闹而不是大额融资（Tawney,1984）。

教会超越一般大众的态度,为它增添了宗教的意义,并把它纳入宗教体系，成为宣讲经济道德的内容之一。这种态度还在忏悔室中得到发挥，并可在宗教法庭得到最终的判决。高利贷案子中判定的惩罚极为严酷，而揭露高利贷者则成为宗教警察的要务之一。由于高利贷者犯下的既是刑事罪责也是宗教罪孽，因此惩罚也是灵魂和世俗的双重惩罚。

带着罪孽死去的高利贷者会被逐出教会，剥夺以天主教仪式安葬的权利。对高利贷或同等罪孽的悔罪，既是自然法也是宗教法的要求。因此,高利贷者不仅在世俗事务中受到限制,也遭到人身或名誉上的惩罚,部分地或完全为社会所排斥（Le Bras *DTC*）。

受这些惩罚打击最为严重的是典当行业主，他们往往是向普通百姓预支小额款项的犹太人或伦巴特人。从法庭审判的控告中，可以看到其利息收入不菲。有时候,对借债者来说,向法官起诉和谴责放贷者,比偿还利息更为划算。自然,法官只能给放贷者判罪,宣布借贷关系非法，借债人的债务也因此一笔勾销。这样的例子带有欺骗性。实际上，典当行的真正利润颇为微薄。一个穷汉当掉一件破衣服,得到三个苏,答应以高利率偿还。其实,他完全明白,自己永远也不会再来赎回这件衣服,卖给收破烂的也只能得到这个数。

到里昂会议（1274）和维也纳会议（1312）时期，教会对高利贷的打击达到了顶点。放债者被斥为十足的歹徒，任何个人或组织都不得把任何房舍出租给他们，违者逐出教会或判以宗教禁令。放债人不得进行忏悔，不能得到赦免或基督教仪式的葬礼，其遗嘱无效，除非他们归还拥有的物品。任何坚持声称高利贷不是罪孽的人，都被作为异教徒加以惩罚。宗教裁判所掌控一切，任何允许高利贷的世俗立法都必须废止，否则就要遭到驱逐（Tawney，1984）。

我们完全可以探讨一下圣托马斯的开明态度和现实中宗教裁判所的严厉手段之间，是否存在交汇点。经院哲学家们倾向于对大宗生意、金融业务和公共融资网开一面，但对小额消费信贷却没有这种照顾。这种歧视态度是卫道士和政治领袖拒绝了解消费信贷的一系列行为的第一个突出例证。这种拒绝态度至今犹存，维持着消费信贷自中世纪以来就背着的坏名声。难道只有大宗贷款，也就是银行信贷才独具可能遭受拖欠或风险“损失”的殊荣！

的确，国王、封建领主、主教或修道院长，更不用说教皇所进行的巨额交易，从未受到过高利贷起诉。货币市场的最高层逃脱了诅咒。但从13世纪末起，少数君主和一些城镇意识到制度缺乏一致性，开始允许犹太人、伦巴特人和卡奥尔人开设放债业务，甚至可以在“兄弟”间借贷，换取公平的收益。

从12世纪到16世纪，教义的原则没有改变，但是在世俗立法中的应用却有所宽松，以便适应经济的变化。无论城镇还是农村的中心地带，信贷无所不在。有文献记载，信贷越来越公开，并可得到公证。有人甚至还发现了乌戈利尼银行锡耶纳分行的账簿。这家银行资助了1255—1262年间的香槟集市（Champagne fairs），其账簿记录了给形形色色的客户提供的大量贷款，其中既有贵族、教堂，也有资产阶级、贸易商和小手工业者（Cassandro，1987）。当然，账簿对利息率只字不提，但据估计应该在20%以上。信贷常常以最低利率计算，实际贷款额小于合同中的数额、也就是总的偿还数额（常常以逐渐递减的年金形式）。这一现象不仅限于弗兰德斯和意大利的大宗交易，也出现在偏远地区，只是形式较为简单。只要看一看拥有九个成员的吉洛美（Guillaume）家族，就足以说明问题。从1310—1378年，也就是宗教会议采取更为强硬立场的时期，这个家族获得了数量可观的一系列贷款，担保和利息俱全。所有交易都是在蓬斯饭店（hotel de Pons）附近的奥特–圣东芝（Haute-Saintonge）完成。

面对这一社会趋势，教会也无计可施，只能睁一只眼、闭一只眼，让良心解决问题，相信虔诚的教徒自能做出正确的判断。正是为了让自己的思维多一点灵活性，他们才发明了炼狱的概念，让信徒们在天堂和地狱之间有个活动的余地。锡耶纳城就是一个好例子。它是现代银行业的发源地，自12世纪以来，有息贷款的规模一直在不断扩大。也正是在同期，同样在锡耶纳，众多的苦行兄弟会也发展起来。以银行业主为首的众人，在银行业主大殿前排起长长的队伍，接受鞭打。锡耶纳的史学家弗朗哥·卡拉第尼(Franco Cardini）这样写道，“锡耶纳神秘主义的一个主要成因，可能是这个城市因为其银行的成功而良心败坏”。1319年，在一次鞭打赎罪的仪式中，银行家伯纳德·托勒梅（Bernardo Tolomei）决定脱离尘俗，并为洗涤自己的罪孽，创建了奥利维特·马季奥尔山(Monte Olivetto Maggiore）修道院，这就是奥利维特会（Olivetan Order）的鼻祖。

那个时代的心态，不用多费周折就可以描绘出来。商人、银行业主或高利贷商在其遗嘱中向宗教机构捐钱司空见惯，为的是赎清罪孽，在天堂得到一席之地。普拉托（Prato）的富商弗朗西斯科（Francesco di Marco Datini）（约1332—1410）的故事就是很好的一例。他听从公证师拉珀·马兹（Ser Lapo Mazzi）的劝告，把自己颇为可观的财产，全部捐给了佛罗伦萨的医院，以便逃避第七级地狱，他的银行生意正是把他打入其中的罪孽（Origo，1992）。

尽管教会对借者和贷者共罚不贷，但人所共知，有息贷款在这个世界上不可或缺，是最为穷困的人们在遭遇不测，如疾病、失业或歉收时，唯一的救命稻草。教会从很早就开始表现出对低息贷款的偏爱，而不赞成专事放贷者的贷款。教会建立了放债机构，使穷人可以得到利息合理的资本金。教区、宗教兄弟会、社团、医院和修道院出借小麦、牲畜，甚至钱款。1462年，圣方济会发起一项运动，建立起济贫当铺。

意大利最早的济贫当铺

1462年第一家济贫当铺在佩鲁萨（Perousa）开张，第二家于1463年在圣方济会活动的中心建立起来。在圣方济会的支持下，这种机构迅速遍布了意大利。作为公有低息典当行，它们的职责就是接济穷人，保护基督徒不犯高利贷的罪孽。

真正成全了这一发展的，是神学思想的一个新进展。锡耶纳的圣伯纳丁（Saint Bernardin of Sienna）（1380—1444）奠定了基本原则，而佛罗伦萨的圣安东尼（Saint Antonio of Florence）（1380—1459）则使教义得到广泛传播。圣安东尼是圣马可大教堂的修道长,并在那里指导了弗拉·安吉里科(Fra Angelico)的工作,后来升至佛罗伦萨的主教时,正值该市发展为欧洲的金融中心,各色人等汇集到这里,各种社会运动频繁地震荡着这个城市。两位圣人写道,在遵循圣托马斯的原则的同时,可以用这样的思想对其加以补充,即如果货币资本"因人的勤奋……",也就是工作——无论多么卑微,"……而授精",就可能结出合法的果实。这是对现行哲学和经济思想的根本性补充,完全符合帕兹、斯特罗兹,当然还有后来把锡耶纳也纳于自己旗下的梅迪奇家族统治之下的佛罗伦萨所承担的历史角色。

就在圣安东尼阐述其理论的同一年,佛罗伦萨的银行家和丝绸商菲利奇·布兰卡奇(Felice Brancacci)出资雇用马萨奇奥(Massaccio)装饰卡尔米内圣母院(Santa Maria del Carmine)。这一举动被他看作自己在万能的上帝面前的悔罪。马萨奇奥特别强调了圣彼得施舍的主题。他的壁画采用了那个时代表现教会历史的佛罗伦萨风格,被公认为是一个崭新世界的先驱。在圣马可大教堂的辉煌和卡梅尔派托钵僧(carmelites)的清苦、圣安东尼和马萨乔(Masaccio)、慈善和利益的交汇口上,崛起的佛罗伦萨打开了通向现代经济之路。

尽管佛罗伦萨的思想气氛浓厚,但它的第一家济贫当铺的设立,却比佩鲁萨晚了十年,比锡耶纳晚了一年[这两个城市所设立的既是典当行,也是农村银行,于是就有了牧场山(*Monte dei Paschi de Siena*)的称号]。尽管如此,在佛罗伦萨的设立仍然突出了新机构的重要意义,为整个欧洲树立了榜样。由于陈规旧习、特权和顽固旧思想的存在,佛罗伦萨的当铺经过了艰难的孕育期才得以诞生。

早在1473年，制定章程的初步尝试就已经开始，引起了一场关于其贷款是否高利贷的激烈辩论。论战的双方一方面是维护宗教裁判所的圣多明各会，另一方是为济贫当铺辩护的圣方济各会。实际上，佛罗伦萨济贫当铺的设立，因为缺乏运转必需的6000达克特尔不得不推迟。此外，包括梅迪奇家族的皮埃罗和洛伦佐在内的无数显赫的公民，也反对这一机构的设立，担心它的存在会对犹太人群体形成竞争，而他们在其中有着很深的利益。1495年，新寡头上台，批准了济贫当铺的成立。在“左派”施加的压力之下，共和国终于在同年也设立了同样的机构。各个宗教派别组织了规模庞大的募捐游行。由于伯纳第（Bernardino de Feltre）和萨伏那罗拉（Savonarola）的积极行动，筹集的资金几乎达到了所需总额的一半。1498年，共和国收缴了比萨反叛者的6000里拉，补充到基金中（Magini，1992）。

佛罗伦萨的济贫当铺组织完善，资金稳定。从1542年起，它被授权在因放贷而放弃了有利的投资机会的前提下向存款者支付利息。后来，它发展为托斯卡纳省的主要银行。它坚持向穷人放贷，以保持自身存在的理由，一直持续到1947年归并佛罗伦萨储蓄银行。

济贫当铺最初的启动资金来自希望积德的储户交存的不可偿还存款，以及犹太人的无偿贷款，后者可以换取继续经营的权利。但是，要得到贷款并非易事。行政程序烦琐而蹩脚，以至人们不久就觉得这个机构不够水平，令客户有失体面。

在15世纪建立的第一批济贫当铺极不稳定，许多不得不关门，原因多种多样：缺乏现金，揩油的官僚太多，雇员的贪污，客户的诈骗，城市的盘剥，君主的贪婪导致城市破产，等等（Poliakov，1967）。

尽管困难重重，它们还是在教会和教皇的保护之下，逐渐普及到欧洲的整个天主教地区。佛罗伦萨树立了最好的榜样。这些机构被视为普通百姓对商业和银行寡头的胜利，但法国、西班牙和奥地利的济贫当铺很快就沦为反宗教改革派用来打击新教神学主张的工具。新教关心的主要问题之一，就是在有息贷款问题上的更大灵活度。

第四章　宗教改革的决裂

路德的迟疑

在经院哲学家的脑子里，经济活动只有具备了道德目的，才有进行的理由。教会教育人们不要相信纯粹的经济动机，警告人们要提防商业的邪恶，尽管商业必不可少，但对灵魂却是危险的。它还特别提醒人们金融的危险，警告说金融只能玷污灵魂，使灵魂败坏、可憎。当然，早期教会、殉道者，与中世纪晚期制度严整的教会之间，存在显著差异。已发展为一种制度的教会，不能对改造社会的各种力量视而不见。随着时间的推移，教会在推行教义时，变得少了些严厉，多了些适应性。尽管如此，基本教义仍保持不变：禁止有息贷款，有时可以用世俗法律加以惩罚。

于是，在地理大发现的时代，最为活跃的各色人物满怀宗教的热诚，在打开新世界后摆在眼前的无数机会和对永遭诅咒的恐惧之间挣扎着。这种在新世界的各种力量面前深深的无奈感，都记述在当时的历史文件中。自14世纪初开始，欧洲遭受的灾难接踵而来，饥荒、瘟疫、百年战争、玫瑰战争、教派林立、土耳其人的入侵等，更加深了这种无能为力的感觉。西方因为负罪感而痛苦，这无疑是布道者传道的结果。整个15世纪，他们就像《旧约》中的先知一样，不知疲倦地强调着人的罪孽、等待人们的各种惩罚和赎罪。无数绘画表现了人们在宗教改革前生活在怎样的恐惧之中，其中最大的恐惧莫过于害怕死亡，害怕被打入地狱，或是忍受炼狱中永久的折磨。炼狱作为未知的或只有含糊的定义的世界，显得更加可怕（Delumeau，1988；Duby，1986）。

教会的教导很简单：要获得拯救，就必须成为教徒，相信神父的教诲，而且只相信他。基督徒的另一个义务就是向神父坦白其罪孽，去忏悔，以期得到宽恕，使灵魂得到拯救。最后，基督徒要行善，这是逃脱被永远打入地狱的基本条件之一，带着人间的罪孽死去，必然逃脱不了这样的命运。资产阶级急切希望自己的行动成为自己信仰的反映，但教会能够提供的解决办法不是荒唐就是不合时宜，两者间的鸿沟越来越深。

宗教改革在这一鸿沟中诞生。它最大的贡献，就是使人们从经济成功造成的精神愤怒中解脱了出来。要获得永远的幸福，要在无须时刻恐惧上帝最后裁决的状态下生活，唯一的前提条件就是信仰。因此，早期的改革家重新塑造了上帝的形象，使他更为人性、更有生气。他了解人们的弱点，懂得他们在人间的劳作带着经济活动的典型印记。

此外，宗教改革倡导在人和《圣经》之间建立更为个体化的关系，这样做一笔勾销了教会几个世纪的发展，使其性质和功能发生了巨变。改革后的教会，不再作为中介担当灵魂警察的作用。天主教徒为了忏悔和洗刷自己的罪孽，为了面对死亡并得到上帝的欢心，必须从教会得到安抚和慰藉，并为他和上帝进行调解。教会是慈悲的司库，掌握着宽恕的权威。但是，新教徒却是自己单独与自己的良心同在，独立地面对上帝（Lüthy，1959；Delumeau，1988）。

在这种与自我良心更为直接的接触中，产生了两大派别：路德主义和加尔文主义。马丁·路德（1483—1546）认为上帝不是审判官，而是一个父亲，这个观点为基督徒的愤懑——14世纪和15世纪大量以“最后的审判”为主题的绘画正是其充分表现——提供了一剂强劲的良药。所有的人都是有罪的，但都已经为信仰而获得拯救。信奉救世主就足够了：信仰就足以获得拯救。因此，对一个虔诚的信徒来说，不存在地狱，甚至没有炼狱，因为这从来就没有存在过（Duby，1986）。对这样的信徒来说，给他内心的信仰套上一个形式化的外在形体，是对这一信仰的侮辱。同样，维护基督教道德的责任不能让神职人员掌控，他们已经表现出自己的无能。这一责任应该转移到国家手中。路德相信，一面保持中世纪的社会道德，同时摒弃与之相伴随的各种惩罚，是可能做到的。他以《圣经》是个人和集体信仰的指南这一观点为依据，要求废除教会法（Tawney，1984）。

尽管路德迁就人的弱点，相信上帝的力量，但他并没有忘记过去。作为一个农民出身的修士，他认为社会中不应该有中产阶级的一席之地。国际贸易、银行和信贷、资本主义工业等所有在路德的革命之后促成中世纪世界解体的强大力量，都被他认为是属于黑暗世界的，每一个基督徒都应该加以拒绝（Tawney，1984）。

在1519年和1520年的两篇《高利贷圣训》（*Sermons on Usury*）中，他对经济问题进行了详尽论述。他以对神学原理（ecclesiastical jurisprudence）最为严格的狭义的解释为出发点，得出自己的训导，完全无视教会法维护者为了使法律更为适应日常生活的必需而提出的保留意见。他不仅坚持贷款必须是无偿的，甚至还把为补偿损失而偿还利息（*damnum energens*），打入了禁忌。他还谴责在年金合同（*constituted annuities*）中投资。这一切在他的时代都已经为教会法所允许。

在发布《高利贷圣训》的时期，路德利用后来终于在农民战争中爆发出来的不满情绪，推进了自己的事业。在布道中，他采取了煽动性的方式，虽遭到追随者的排斥，但却把神学家和最为强硬的经院哲学家联系在一起，然后提出了对所有债务延缓期限。他的追随者之一雅各·斯特劳斯（Jacob Strauss）接受了这一思想，并在1524年，以其修道院的主要收入来源爱森纳赫年金为起因，发动了一场真正的革命。随后，当时的德国神学家和大学教授之间进行了一场旷日持久的辩论。关于爱森纳赫年金延缓的辩论，在传统上被视为与《申命记》理想的第一次哲学决裂（Nelson，1949）。

实际上，当农民从不满到公开造反时，提出普遍延缓债务思想的路德开始从自己的立场上倒退，因为他看到了其中蕴涵的社会动乱。这种认识，以及后来接替他担任改革后教会领袖的梅兰希顿（Melanchthon）的影响，使路德逐渐形成了有息贷款属于世俗事务，应该由每一个君主解决的思想，认为只有在严重犯罪的情况下，宗教上的诅咒才开始介入。他在高利贷和切割包皮之间的比喻至今广为人知。根据路德的观点，让16世纪的基督徒遵从曾管制着古代希伯来部落的世俗法律，无异于让他们庆祝为男童实施的包皮割礼。梅兰希顿也持同样的论点，并据此实施了每50年免除一次债务的措施。

诸如瑞士的茨温利（Zwingli）（1484—1531）和斯特拉斯堡的布塞尔（Bucer）（1491—1551）等其他改革家，也对从《圣经》中可以得出有息贷款就是高利贷这一观点，提出了质疑。于是，基调确定了下来：高利贷不能与利息混为一谈，前者是对利息的滥用，应在民事法律中界定。

在1525年的革命和1539年的经济危机之间，路德在关于高利贷的大辩论中再无新的建树。1539年，他对高利贷者宣战，并鼓励其他传教士步其后尘。但是，他还是小心翼翼地把收取5%—6%的合理利息的放贷者，与谋取最高达60%利息的高利贷者加以区别。在一直争议不休的年金（*Zinskauf*）问题上，他认为8%的最高利息是合理的，条件是年金可以购回，并以可以带来稳定收入的土地为抵押（*Unterpfand*）（Nelson，1949）。

梅兰希顿与布塞尔对年金和有息贷款的态度，甚至比路德还要宽容。此后，民事法律逐渐向"温和"改革家看齐，当然和传统天主教徒的激烈论战仍然继续着，极端的再洗礼派新教徒更是一致绝对谴责有息贷款。1541年，梅兰希顿公开支持天主教徒查理五世，帮助他促使雷根伯格会议通过了一项法令，宣布利息上限为5%的有息贷款合法。1545年，英格兰的亨利八世仿效了这一做法，接着是1553年丹麦的克里斯蒂安三世，他也得到了梅兰希顿的支持。

在路德的影响之下，同时也由于债务（*die Schuld*）和过错（*die Schuld*）之间的类似，新教的《主祷文》文本进行了修改，放弃了马太的形象：祈祷者无须再请求宽恕债务，只需祈求宽恕过错即可。新的文本甚至比路德的文本更为进步。直到19世纪，天主教会才在祈祷词的译本中加以采纳，而马太的形象在正式的拉丁文本中仍然保留。

加尔文的贡献

加尔文有着通晓世事的开明都市人的风范。他接受了已经在意大利和佛兰芒的繁华都市高度发达的商业文明的基本制度。他的作为在于为靠自身的技能必然将成为未来主宰的那些阶层，提供一种新的信仰，并以相对发达的经济组织为前提条件。加尔文也正是在这一组织之上建立了自己的道德体系。

实际上，加尔文主义不仅仅是一种旨在净化个人的信仰，同时也要重组教会和国家。为达此目的，必须让宗教的影响渗透到个人和公共生活的每一个方面，使社会得以更新。加尔文运动以城市为主，被商人和流动工匠从一个国家带到了另一个国家。继斯特拉斯堡之后，加尔文主义在日内瓦建立了自己的大本营。后来，其热切的追随者主要来自安特卫普、莱顿、爱丁堡、伦敦和阿姆斯特丹等大型工商业中心。加尔文主义领袖人物的布道对象，正是那个世纪最为现代和进步的分子——工商阶层。

首先，加尔文主义者公开承认资本、借贷、银行、大型工商、金融业以及所有其他与商业世界相关的各种实际存在的必要性。这样，他们就实现了与传统的决裂，不再认为所有与经济事务相关的活动都“超越了生存必需”，应予以谴责；也不再把中间人视为寄生虫，把放贷者视为窃贼。他们主张，从金融或商业获得的利润和工人的薪金以及地主的租金一样，都应得到尊重。

加尔文主义是承认和肯定经济德行的第一种系统的宗教学说。它所反对的不是财富的积累，而是财富的不当使用。于是，修士为拯救他的兄弟，甘愿忍受修道生活的困苦和磨炼，不再被认为是有益的牺牲，而成了社会的寄生虫。真正的基督徒应该摒弃乞讨，弘扬勤劳和简朴的美德。世界以勤为度。因此，乞丐的懒惰既是对上帝犯下的罪孽，也是对社会犯下的罪行。与此相反，富商的活动则是一种基督教美德，是社会的福音。

加尔文主义无处不在宣扬勤勉的道德，无处不把工作赞美为神圣。这些思想也纳入了路德新教主义（Lutheran Protestantism）。这不再是一个教条问题，而是一种教规；它所适用的对象不是已经放弃了世俗生活的某一宗教派别的成员，而是世俗社会本身。工作不再被视为苦行，不再是堕落者可悲的下场；它成了和祈祷一样，是虔诚的表现。工作不是惩罚，而是为了人类自身的拯救、为了上帝的荣耀而交给人们的。天主教会更为看重神圣性、沉思冥想和施舍，而不是功利性的工作。肉体的需要较之灵魂的拯救远为次要。对加尔文来说，工作就是祈祷。工作的神圣性使乞讨并连带施舍再无存在的理由。按照天主教式的虔诚，乞讨是一种仁慈的状态，施舍则是至高的善行。在加尔文主义中，乞讨令人卑贱，而施舍则是一种罪孽，因为施舍助长懒惰，维护着一种社会毒草，而不是予以根除（Lüthy，1959）。

济贫的可取和不可取之间的界限，表现出加尔文主义的一个基本社会观。值得接济的穷人仅仅是那些遭受了生活挫折的人。另外一个应该注意的重要现象，就是半个世纪之后，在天主教国家，“可耻的叫花子”这一概念的含义，似乎指的是那些我们仍然应该接济，但却同时予以鄙视的人。为我们排斥和拒绝的、不值得接济的人，以及我们鄙视的“可耻的叫花子”之间的微妙区别，至今犹存。把传统的加尔文教和天主教地区消费信贷的形象和实践相比较，就可以看到这种区别。“不值得接济”的态度，导致了记录人们所有债务的“正”文书档案，而“可耻的叫花子”的态度则形成了仅仅记录潜在客户的既往过失的“负”档案，为的是通过排斥加以挽救。

对加尔文来说，唯一的善行就是今世的成功，因此给予工作就成了至高的善行。于是，资本家可把自己视为上帝的选民。但是，加尔文所称颂的资本家不是游手好闲的富豪，也不是地主或者无须劳作就可衣食无愁的人。加尔文式的资本家是一个靠雇用工人使其资本运转的人，是开辟新市场、靠自己的劳动增加自己资本的贸易商。加尔文对高利贷的态度，必须结合这种社会观念的转变及其对个人的影响来理解（Lüthy，1959）。

在加尔文之前两个世纪的日内瓦，那里的主教就允许一定程度的借贷活动。1538年1月，市政厅把最高利息规定为5%。1547年的法令通过了这一利率，1557年又提高到6⅔%，随后又调整到8%。在这一背景下，加尔文从1554年到他去世时的著述，不仅强化了先前路德派改革者所持立场，同时还为其增添了一个新系统。他的思想主要集中在《柯罗德信札》（*Letter to Claude de Sachin*），《摩西最后四卷批评鉴》（*the Commnetaries on the Four Last Books of Mose*），《赞美诗评鉴》（*Commentary on the Book of Psalms*）以及《以西结先知书评鉴》（*Commentaries of the Book of the Prophet*

Ezekriel）中。

让·加尔文，出生在尼翁的一个资产阶级家庭，是一个人文主义者、语言学家、法学家、逻辑学家，是一位精通哲学、希腊文、拉丁文和希伯来文的大师。作为一个语言学家，他批评把希伯来文的咬（*nesech*）译为利息，因为希伯来文的意思是“咬”，抑或“向穷人张开血盆大口”。因此，他的结论是，《圣经》谴责的不是有息贷款，而是过分的利息。斯特拉斯堡的布策尔已经提出了这一批评（Hauser，1931）。

《圣经》对这种“血盆大口”下了道德禁令。但是，禁止犹太人在“兄弟之间”借贷的禁令，则是在需要犹太人民形成宗教团结的时代所采取的政治措施。这一禁令在历史上有据可查，是出于政治原因而不是神圣戒律而实行的。一条民事法律的规定可以为另一条推翻。此外，仅限于上帝选民范围的兄弟友爱的观念，也是可以再推敲的。上帝面前人人皆兄弟。如果上帝禁止了“兄弟间”的有息贷款，就违背了“公共利益”，这显然是上帝不会允许的（Nelson，1949）。

加尔文摒弃了广为传颂的《旧约》中的章节以及教父们的教导，认为这些已经不足为凭，产生这些思想的条件已经过时，不复存在。他对自己时代的经济生活有着敏锐的观察，知道信贷在社会生活中既是正常的，也是必然的。对加尔文来说，为资本支付利息和为土地支付租金一样合理。他把保证利息不要超出自然公正规定的水准这一工作，交给了个人的良心。金融家不是社会的贱民，而是一个生产者；有息贷款如果利率合理，其所获与世间任何其他经济交易别无二致。

加尔文与其他改革者一样，也呼吁世俗法则认可有息贷款，规定合法利息的限度。到此为止，他尚无新的建树，该说的早已说过。加尔文最根本的贡献，在于他作为一个逻辑学家，推翻了亚里士多德的著名论断——“钱不生钱”，对经院哲学的高利贷理论给予了致命的一击。在实际生活中，规避这一论断是可能的，但它终究是天主教理论的核心之一。

首先，加尔文证明了货币的生产力。他承认，如果把钱锁在钱匣里，钱没有增值能力，可是哪一个商人会让钱在钱匣中睡大觉呢？不会。他用钱买货，然后出售、获利；或者他购买土地，到了收获季节，就不可能说钱没有产生更多的钱(Hauser，1931)。此外，他又补充说，货币贷款可以是合法的，而实物贷款如果要求过分的回报也可以是高利贷盘剥。对加尔文来说，决定贷款合同是否属于高利贷的，不是其特点本身，而是利率。因此，他把放贷变成了《圣经》不予谴责的行为，而这一行为又恰恰为健康的社会和经济生活所必需。但是，他同时也把这种行为置于神圣平等的法则之下（ Hauser，1931)。

加尔文不仅通过神学论证，而且通过社会学、法律和哲学分析，确立了有息贷款的普遍合法性，从而为清除经济进步的一大重要障碍做出了贡献。

废除禁贷运动

加尔文的学说在伊丽莎白时期的英格兰得到发扬光大。实际上，新经济力量和宗教道德观在高利贷问题上的决定性一战，正是在英格兰展开的。

都铎王朝时期，英格兰的大部分家庭都拥有一些土地和简单工具。商人、农民和手工业者是主要的职业。在这样一个相互独立而往往颇为富足的小地主的世界里，雇农与雇工属于少数。除纺织业的某些分支外，导致社会不满、改革方案、新立法、新统治结构的因素，不是对无产者的剥削，而是人们需要得到放贷者帮助的普遍需求。在经济道德的问题上，16世纪的英格兰神学家几乎全搬照搬了由教皇颁布并经中世纪的经院学者诠释的教义。他们的布道使得高利贷者臭名昭著，以至于高利贷者成了任何不受欢迎的人的别称。同样，任何不公平的市场都被称为高利贷市场。尽管宗教改革的确带了一场文化革命，但它起初并未触及教会组织的等级结构，因而也没有改变这种结构对价值传播的影响（Tawney，1984）。

但是，到了伊丽莎白统治的世纪，资本主义在纺织业和采矿业中迅猛发展，对外贸易激增，规模扩大，合股公司开始产生。这一时期还出现"首次公证人储蓄银行"（deposit banks in the person of the first notaries）。英格兰政府的财政需要，意味着安特卫普开始衰败时，伦敦就成为了外汇交易的中心，并具备当时最为先进的交易手段：期货市场、仲裁等。

高利贷一词既可解释为简单的有息贷款（最初词义意义上的利息），也指有息贷款的滥用，即盘剥和由此导致的各种社会问题。在贸易工商界，就这个词与"良心的清白"之间的关系产生了争议。这一争议，正是不断扩大的商业文明，与继续因循教父们和经院学者道德教诲的教会之间矛盾的表现。

对一个大制造商或是在伦敦和安特卫普之间经营贸易的商人来说,高利贷利率所标志的不是道德标准的败坏,而是商业标准的低下。他们出于自身的经历,自然会全力反对传统禁令。对神甫和民众力图把慈善和良心这些教义用于商业活动这些客观机制上,他们大为恼火。他们更希望让理论适合自己的经济活动。

随着金融业的日益专业化,市场向整个欧洲敞开,工业的组织进一步资本化,老一套神学的社会观已经山穷水尽。这种社会观是为了防止贷款的滥用,保护农民免遭剥削。当许多人聚集在一起开展大规模经济活动的时候,问题就出现了,并揭示出旧体制的陈腐过时。它不具备实际的功用,其理论遭到摒弃已成定局。教会的社会教导已经无足轻重,因为教会本身已经停止了思考。

对那些继续做天主教徒的人来说,宗教改革的一大成果,就是让他们意识到教会的教义没能随着世界的发展而与时俱进。对新教徒来说——姑且不管路德派、加尔文派和茨温利派之间的枝末差异,宗教改革让他们如梦初醒,认识到必须为正在到来的现代社会找到新的哲学依据。有息贷款作为新社会结构的半技术性标志,成了辩论的焦点。正如圣安东尼表现了佛罗伦萨的现代性一样,对宗教改革、因而引申为对经济良知的忠诚,把欧洲一分为二。新教以崭新的社会教义,成为现代主义的先锋,而被神学限制羁绊住手脚的天主教则落在了后面。欧洲北部从此开始形成对南部的优势,而这一分化的核心不过是关于有息贷款的几个旧教条。

当然,这一革命不是一蹴而就的,也不是所向无敌,甚至还经历了战火。在日耳曼和盎格鲁-萨克逊国家对现代性根本标准的大辩论,其重要性甚或暴力程度,在英国立法的沉浮中得到了最为充分的表现。1545年，亨利八世准许有息贷款，并把利率上限定为10%。1552年，爱德华六世在守旧派的压力之下，废除该法，下令继续放贷的人可以打入大牢。德国的两场审判也表明了实施新法的艰难。1565年，图林根的鲁道尔施塔特主教拒绝给两个贵族发放圣餐，理由是他们以6%的利率放贷。两个贵族把主教告上了法庭。经过多番辩论以及和德国大学的商讨，法庭判决贵族胜诉。1587年在雷根斯堡也发生了类似的案例：一对神甫兄弟告当地银行业主以5%的利率放贷是强盗行为。银行业主同样诉诸法律，并且和两个贵族一样，得到了胜诉的判决（Nelson，1949）。

实际上，从16世纪初起，力图推行传统道德准则的宗教当局就不得不应对反对他们、认为他们无权规管经济事务的思潮。教会拥有独立的价值标准，社会机构应以此为依据的思想，开始遭到质疑。教会很快就丧失了在商业道德上的发言权，因为健康的道德观总是与商业智慧相一致的。

伊丽莎白统治时期，清教运动从自己的大本营工商阶层汲取了力量，成功地在更多的民众中把神职人员的道德裁判搞得臭名昭著（Chaunu，1986）。这一进步的突出表现，就是在1571年，对有息贷款的禁令最终被废除，并恢复了1554年[①] 规定的10%的利息上限。尽管托马斯·威尔森（Thomas Wilson）博士在议会就高利贷发表了著名演说，但这一切还是发生了。在各种要职中，威尔森后来还担任了调查法院院长、驻荷兰大使以及枢密院。后来，普通教会审判庭的惩罚裁判权都被取消。从1640年起，无论教会审

① 原文如此，与上文的“1545”不一致。——译者

判庭还是高等宗教事务法院，或者星法院都被废止。随着王朝复辟时期的到来，高利贷者也不再出现在教会的谴责之列。

国王成为教会的最高领袖，教会也成为皇家的教会。谁又能比国王更能代表皇家呢？于是，教会对他俯首听命，而整个社会也因此得益。

在这个改革的世纪中，高利贷一词的意义发生了演变。这对信贷的形象来说关系重大。高利贷的含义转化为专指收取高额利息的行为。因此，利率高低要由每一个人在民事法庭的帮助下予以评判。

在宗教改革成功的地方，企业家、银行家和贸易商心安理得各行其是，而过去在神学家的影响之下，他们曾经满腹负罪感。16世纪，“悔罪”的做法在新教地区消失，但在天主教国家仍然坚持和兴旺了很长时间。根据这种做法，行将就木的人为拯救自己的良心，必须在遗嘱中归还放贷赚取的利息作为赔偿。

不难理解，有息贷款的合法化和得到的积极认可，极大地推动了信贷的组织，而这对现代经济的发展又至关重要。还应指出，利息的合法化并没有对放贷者的工作给予任何偏向。正因为新教国家存在自由市场，这些国家的放贷活动才不及其他地方那么有利可图。高利贷者是中世纪经济的标准形象。但是，当我们走近现代社会时，就会发现这一形象在禁止高利贷的国家比实行自由政策的国家，更为根深蒂固。

宗教改革影响深远。这在新教国家是不言而喻的：英国的经济学家和哲学家是这一运动的直接继承者，他们后来领导了解放欧洲的运动。在新教国家范围之外，改革的影响力也随着时间的推移而日渐加强。在欧洲的犹太社会，路德和加尔文都极为钟爱的《申命记》重新校订，由英国拉比迈纳沙·本·以色列（Menassah Ben Israel）在1655年正式公布。这就意味着准许有息贷款，在兄弟间——也就是在犹太人之间也不例外（Nelson，1949）。天主教国家的思想变化较为迟缓，也更为混乱，北欧国家的榜样更使其显得病入膏肓。

第五章　旧制度的伪善面具

历史仿佛从宗教改革开始倒退，17世纪和18世纪天主教国家的神学家们把高利贷罪作为其研究的主要对象之一。与此同时，教会的谴责卷土重来，甚至变本加厉。这一运动实质上是要建立一种反宗教改革，而两个主要天主教国家的保守制度又对此推波助澜。这些国家的经济一直弱小，农业发展缓慢，无法满足日益增长的人口的需求。不断的战火，使得国力更为衰竭。

反宗教改革的意识形态

反宗教改革完全了解有息贷款对世俗生活的重要性，因而以极为顽固的立场加以反对。人们不敢对加尔文的开明主张表示哪怕只是少许的宽容。特伦托大公会（1545—1564）的谴责尤为厉害。它把高利贷与七戒明确禁止的各类偷窃行为相提并论，并重申旧定义，认为高利贷就是"超过或超出借出资本的所有收入，无论是货币收入还是可以以货币计量其价值的任何其他收项"。16世纪的教皇训令和教义问答录，都重申了同样的谴责。

最初的詹森派教徒（Jansenist）都来自法律世家，正是他们的阶级心态，刺激他们进一步强化了特伦托大公会主张的教义。他们对高利贷的敌对态度，还扩展到了所有其他信贷形式。有些詹森派教徒认为严守传统禁令，是对天主教传统和教会权威的根本维护。首先与詹森派站在一起的主教们开始攻击加尔文主义的懈怠松弛。他们大多出身乡绅和律师基层，代表了鄙视商贾和金钱的等级心态。詹森派是一种法国式的新教，只是去掉了“资本主义精神”。它的影响颇为有限，可能仅限于荷兰的天主教地区，乌德勒支(Utrecht)的主教就领头反对无所不在的宗教改革。在法国，反高利贷思潮得到“法国主教之父”波舒哀（Bossuet）的认可和接纳。尽管他本人不是詹森派教徒，但却赞同其神学道德观，并积极支持特伦托大公会主张的教义。1700年，在他的要求下，神职人员大会起草了对有息贷款的正式谴责（Taveneaux，1977；Lüthy，1959）。一些特别狂热的主教并不满足于此，而是展开了无情打击信贷的运动。由于他们自身的行动和不懈的布道，反高利贷的情绪在广大信众中蔓延开来。《教义问答录》也加入这场战斗，并很快成为后方防线。17世纪，《教义问答录》具有神学权威，这些手册总是异口同声地谴责利息，并常常把它与偷盗相提并论。

天主教势力的这一立场从历史的角度不难解释：他们是力图维护一个被疑问和教派分裂打破的社会秩序。他们努力主动出击，用反宗教改革来应对宗教改革的挑战，甚至在一定程度上取得了成功。教会巩固了社会秩序，但为此它不得不采取的行动越来越被视为煽动蛊惑，因而延缓了现代社会所必需的思想适应性的发展。

反宗教改革时代的欧洲，仍然是一个贵族云集、教坛高筑的社会。它顽固地拒绝接受正在北方发展起来的经济模式。社会发展逐渐放慢了步伐，伊比利亚和意大利半岛尤其如此。天主教国家如同错过了让它们从违反利息禁令的负罪感中解脱出来的班车，各种根本制度——无论哲学、宣教还是经济活力，都处在相对的倒退之中，而获得解脱的北部地区则在大步前进。

旧制度的精神

在这些北方国家，贵族毫不犹豫地当起了企业家，投资贸易和造船，支持着资产阶级的经济活动。英国完全扫除了对工商业的歧视，很快成为这些生机勃勃的社会的榜样。城市资产阶级不仅仅投资于公共财政和官职买卖（office peddling），而农村乡绅关心布料的生产和土地经济的发展，也不失体面。在英国，从事经济活动的群体在社会中的作用日渐重要，其地位也随之提高。同样，在联合省，商人在城镇、省区和三级会议（Estates General）中都占有举足轻重的地位。

与此相反，西班牙几乎全无工商资产阶级的存在。没有任何一个群体能够像伦敦、阿姆斯特丹或卢昂的商人一样，有能力打破外国人和马拉诺人对商业利润和金融投机的垄断，与其分庭抗礼。整个国家沉湎在所谓血统纯正（*limpieza de sangre*）之中，整个社会停滞不前。

在意大利，银行家和商人的力量在16世纪中叶登峰造极。这一力量的根基是经过几个世纪缓慢建立起来的中世纪的旧体制，但它灵活地适应着社会、哲学和政治现实。当时这一体制初出茅庐，充满锐气和新意，先进得无与伦比。但后来它变得僵化，无法再得益于各个君侯国的金融需求和不断扩展的贸易空间。意大利人在实施政策、组织一支有能力保护商人利益的海军力量上，没有国家作为其强大后盾。最为重要的是，他们缺乏系统的商业思维，而这在几个世纪前却是与他们相伴左右的。曾几何时驾轻就熟地利用自己的影响力培养新经济观念的银行家们，此时除了努力进入现行体制并从中渔利外，再无其他抱负。因此，人们眼中的梅迪奇家族的辉煌、他们在佛罗伦萨的当政、公国建立带来的权势、和法国的皇室联姻，或者当选教皇的袅袅白烟，都不过是丧失活力和经济创新精神的标志。洛伦佐·梅迪奇（Lorenzo the Magnificent）的艺术鉴赏力无疑令人赞不绝口，但他却把自己的银行引向了破产。意大利未能不断更新社会和经济思想，而是陷在陈腐的种种痼疾中无以自拔。

在法国，航海和殖民地贸易带来了一时的兴盛。为适应这种贸易发展，皇帝建立了合股公司，例如东、西印度公司。但是，它们的命运和第一批私人工厂一样，成绩平平。法国的资产阶级更热衷于置地晋爵。商业或工业资本主义仍属受到社会限制的范畴。在国内流通中，得到发展的仅限于批发市场和少数大市场中的地方公司。对外贸易为大西洋几大港口的大经销商和船主所垄断，他们成为手工艺阶层和贵族之间的联系渠道。但是，这一新兴的大资产阶级在社会中发挥的作用甚微，真正的资本主义仍然只是星星点点地存在着，而其主要原因就在于信贷系统的变换叵测。商业仍然以私人小企业或家庭企业为主要形式，通常根本没有有息贷款的一席之地。

法国是欧洲最为富有、人口最多的王国，其海岸线上不乏海湾和港口，但它为什么没有像英国或荷兰那样，建立起一个商业帝国呢？为什么法国没能像英国那样，出现能够对利息立法施加影响的强大商人集团呢？对国家结构和社会法律进一步深究，无疑可以帮助我们找到答案。

16世纪上半叶的繁荣，促进了商人阶层的总体发展。尽管如此，他们仍是心怀不满的一群，因为在社会的眼里，只有贵族的产业值得垂涎。贸易是为人不屑的行当，至多不过是获得贵族地位的垫脚石，因为贸易之财可用来买官晋爵（Gascon, 1977）。贵族本身拒绝染指任何经济活动，唯恐有失身份。这种态度很快也传染给了新贵族。他们跟着梅迪奇家族亦步亦趋，一旦得到贵族头衔的状纸，就忙不迭地放弃了所有的生意。国家本着法国的政务理念，对此现象推波助澜，增设了多种获得贵族地位的途径。从1520年起，朝廷机构的增设加之皇室的用度，造成了各种官职的显著增加（Gascon, 1977）。17世纪确立了这些官职的世袭制，每个官职的年税相当于官位价值的1/60。皇室因此得以聚敛财富，并赢得了担任官职的资产阶级及其自然产物——有贵族爵位的法律官员近乎绝对的效忠（*la noblesse de robe*）。就这样，法国资产阶级把自己的志向、大量的财富和几乎所有的精力，都投入到这些官职上，整个国家完全忘却了对商业、海洋和生产力霸权的角逐，而欧洲北部却因此撑鼓了腰包。

整个17世纪期间，这一差距不断加大。法国经济碌碌无为的景象，与商人和制造商训练无素，缺乏对商业手段的了解以及不愿使用信贷和支付工具，有着直接的关系，而外国商人对这些都已经是驾轻就熟。尽管进行了一些教育现代化改革，但商业知识却在教育系统中无一席之地。改革的核心是耶稣会人文主义(Jesuitical humanism),完全无视令人扼腕的经济现实。

17世纪初,农业仍然因循传统手段,产量平平。冶金工业与大不列颠的创新发明相比,显得落后过时。海军缺舰少艇,银行业和股份市场组织根本不存在,贸易公司为数寥寥并因合伙人少、财力单薄而短命。为了让法国参与国际贸易和殖民地开发，黎塞留酝酿了一个庞大计划,组织大型公司,并许诺特权,鼓励商人们参股。为吸引贵族参与这项海上冒险,1629年的大法令（great edict）允许士绅从事海上贸易而无须担心丧失贵族身份，并对大船主以贵族爵位相许。政府的这一努力很快陷入重围。社会偏见加之宗教界的举棋不定，迫使许多资产阶级人士弃商而去。1692年的法令也未能减少士绅对制造业和商贾的鄙夷（Gascon,1977；Deyon,1978)。

反宗教改革的神学和道学家所三令五申的利息禁令，不仅阻碍了公司的发展，而且造成王国内期票和汇票的异地流动受阻。这只能说明每一种技术都取决于社会的状态、思想的状态。一个资产阶级家庭一旦财富到手,就会投资于土地、爵位和官职,其资本消耗在与其地位相称的各种开销上，或是用于放高利贷。历史总是自相矛盾:在商业活动中严禁高利贷,于是商业更难经营,但是如果事关地产的扩展，一个地方或一个家庭却总能设法找到出路。担任法律官职的资产阶级谙熟绕开禁令的手段。比如，如果贷款的条件是购回土地,那么他们就有希望获得这块土地,因为借债人可能正是一个无力还债的农民。从16世纪到开始出现农业信贷的17世纪初,这样的事例在法国的省里屡见不鲜。播种贷款、过渡贷款、农具或牲畜贷款以及还贷义务，都显示出在地方上小规模信贷的存在。对所有常常被称为小自耕农的法国小资产阶级来说，这一信贷是他们经营的依靠。

科尔贝（Colbert）力图扩大黎塞留的各种方案，制定了保护国内市场、加强制造业和海军、投资工商和征服殖民地的政策，但其成效却未能超过其前任。法国人对国家干预经济事务满腹狐疑（Goubert，1977），而宗教界对利息和银行业的反复谴责则对经济生活形成了重压。此外，国家贷款的收益和财政、司法官职带来的进项，仍然比商业活动的利润数额更大、财源更稳。税制是压迫性的。在法国，各种商品流通税和租税（只有平民直接向皇室缴纳的税），使得农民和商人承担了最为繁重的税赋。与此相反，贵族不仅不付税，反而得到了国家税收的大部，并以津贴（pension）、官奉和赏赐的形式再次分配下去。

法国经济缺乏活力和适应能力，而且没有足够的资金，本应创建起现代经济系统的阶层，演变成了掌握司法和行政大权的世袭贵族。国家被钳制在地方长官和蹩脚而沉重的行政桎梏中，在这样的国家里，整个社会向往的理想境界仍然是官爵和田产，以及由此而来的自给自足。

科尔贝的悲剧，在于他试图以官僚干预，以一套特权、垄断、减让的体系和国家资本及政府调控，替代本不存在的资本主义精神（Lüthy，1959）。王国要取得经济进步，还需要适当的信贷和支付手段，也就是一个银行体系，而这一体系并不存在。银行业其实从未真正成为旧制度社会的组成部分。它生在异乡，长在异土，它的主要历程和组织者都是外国的事情。这种状况一直持续到19世纪中期。

此外，银行家和高利贷者之间的界限仍然模糊不清，而其中原因还不只是因为对商业一窍不通的人，而是世俗和宗教禁令加上人们普遍债台高筑的不良经济局面共同成就的一种社会情绪。

债务：良药、毒药还是赎罪的受害者？

16世纪，欧洲经过了一个强劲增长期。尽管战争的开支节节上升，但仍未耗尽所有的财富。国家虽濒临破产，但却没有影响到经济的繁荣。相反，17世纪却似乎进入了衰退阶段，战争、起义、破坏、饥馑使本来的不景气雪上加霜，甚至瘟疫也时不时卷土重来。气候变冷，货币贬值，农业生产停滞不前。在政治上，各国长期纷争不已。法国和西班牙这两大天主教国家彼此敌对，草木皆兵，成了士兵和小农的国度。两国都受到欧洲危机的深重影响。

恶劣的天气或是屯兵出征造成了经济的短期摇摆不定。除此之外，在16世纪末和17世纪的法国，经济生活的诸多方面都逐步衰退。频繁的战事慢慢地、但也是不可逆转地消耗掉了农村的生产要素：人力、财力和技术能力。在这一时期，皇室为支撑其对外政策，提高税收。税负和战争成为民不聊生的两大原因。广大农民的负债累累和宗教战争，定义了路易十四执政后期的社会历史。农村民众的穷困状况在弗朗索瓦一世时期近乎难以察觉，但从1600年以后，就变得满目皆是了（Jacquart，1978）。

16世纪人口剧增，造成农村地区人口过剩，土地越分越小。艰难的时局更加重了农村的窘困。在几乎所有的法国省份，政治、宗教危机使农民拥有或租用的土地面积减少了一半以上，税负和租金却因危机而上涨。

收成往往欠佳，而生产成本却节节升高：地租、各种苛捐杂税，特别是皇室税，在半个世纪的时间内，翻了一番多。为了应付这一切，那些最为窘困的农民不得不借债。小康农民、附近城里的商人或是镇上的小业主就会向最为贫困的人口放债。契约签订，借债期满但却无力偿还，于是再借债，或是和债主约定物品租金（rent on goods），把从祖辈继承的一点微薄收入也抵押了进去。只要稍有不顺——一次歉收、一伙兵匪的抢劫，就可能积债成山。为了还清债务，有时就不得不卖地（Jacquart，1974）。

债务也影响到一些破落贵族。他们被剥夺了公职，于是变成了宫廷中的游手好闲之辈，或者过着乡村士绅的惨淡生活。后者的状况，正是个人债务累积的写照。他们的收入和其他个人收入一样，因为时局的恶化而不断减少。

16世纪40年代就已开始的农村债务趋势，在多事之秋加速发展，直到1630—1640年左右和平恢复时，才开始减缓（Jacquart，1078）。这也是法国农民起义如火如荼的时代，在最为贫困的地区，即阿基坦西南部，造反尤烈。不断上涨的土地租金和一再征收的皇室税，使本已衰微的农业经济更加萎靡，更难以满足过剩的人口的吃饭需要。战争再一次扰乱了农业生产，税负、地租和一系列天灾，使农民阶层变得一贫如洗。1642—1652年间，饥馑遍野，瘟疫横行。王国银行业和技术能力的平庸，使得国家山穷水尽。欧洲的贵金属日益短缺，在法国南部等地造成价格下降，这种趋势从1600年开始，1650年后发展成普遍趋势，并一直持续到18世纪早期。这就加重了债务的实际价值，加之17世纪时的债务一般期限长，有时甚至长达50年（Le Roy Ladurie，1974），因此，债务负担更为沉重，农村的生活水平进一步恶化。路易十四执政后期的对外政策，终于给已经经受了一个世纪折磨的民众送上了最后的致命一击。来自拉丁美洲的贵金属供应中断，来自远东的进口货溢价，造成了贵金属的缺乏，使17世纪的衰落更为雪上加霜。

在危机经久不断的背景下，信贷成全了债务的延期，从而延长了农村的生计。但是，当民生遭时事涂炭，社会管理不善，社会结构僵死时，信贷就成了致贫的工具，成为民众苦难的集中体现。在这个意义上，法国农村在大纪元（*Grand Siécle*）中的深重债务，似乎成为了一个失常社会的替罪羊。债务既是良药，也是毒药，但更是一个社会虚伪性的突出标志，这个社会所禁绝的，正是本可帮助它发展起大型工商业和创业精神的东西。这一状况不仅没有改变，相反，人民越来越深地陷入了违禁的高利贷中。这种行为鬼鬼祟祟地进行着，目的只有一个，即扩大田产的欲望。总之，这就是在良心自责的同时，又未能实现经济现代化的榜样！

漫画西班牙

西班牙为本已黯然的景象加上了自己可怕的一笔。西班牙是反宗教改革的急先锋，封建精神渗透了整个社会。17世纪，来自美洲的财富开始枯竭，西班牙进入了衰败时期，后来它用了几个世纪才得以从中摆脱出来。在这里，我们再一次看到懈怠、战争、地租和债务成为编织社会的经纬线，一切都超出了常态，以至社会畸形得像一幅漫画。

几个世纪以来，西班牙人打败阿拉伯人，夺取了大片领土。土地、牲畜、黄金和官职被分配下去作为犒赏，头衔、财富唾手可得。士兵、官员和神甫成为社会的楷模。征服美洲使旧的心态得以延续和变本加厉。于是，卡斯蒂利亚人习惯了以增加生产、活跃交换以外的方式，获得荣誉和财富。当古罗马的情景重现，再无战利品可分而保卫帝国的开支却不断增长的时候，经济便开始土崩瓦解。在这种情况下，债务不再是增加财富的手段，而成为痛苦的标志。

16世纪初，农民尚且可以通过出售年金购买或是改良土地，但世纪末时则已时过境迁。从那时起，他们借债不再是为了经营土地或购置田产，而是为了还债。贷款通常是播种季节的过渡贷款，或者纯粹为了糊口。贵族也开始大笔借债，因为通货膨胀使他们的固定收入贬值。主要的放贷者是教会人士、机构（修道院、帮会、医院）以及执掌法律的资产阶级和官员。由农民、贵族或国家承担的年金逐渐成为国人唯一的投资。这也在某种意义上成为不劳而获的手段，资产阶级和富裕农户放弃了自己的工作、土地、牲畜或是生意，靠年金为生（Bnassar，1967；Vilar，1956，1962，1974）。

在写于1600年的《纪念议事》（*Memorial*）中，冈萨雷斯·德·切罗利戈（Gonzalez de Cellorigo）指出，“一个劳作之人需养活自己、领地的老爷、地租老爷、收什一税的人、大领主的税官和所有可以伸手索取的人……而……劳作之人和无所事事之人的比例是一比三十！”应该补充的是，这一比例完全无以支撑一个农业低产、工业几乎全无竞争能力、对现代商业发展一无所知的国家。随着16世纪的结束，国家开始集体破产。年金不再旱涝保收，剩下的只有被遗弃的空屋，只有在地租仍旧低廉或是土地以极高代价抵押的地方，才可能有些许进项。

和其他历史时期一样，那些自以为是的声音自然而然地开始大肆攻击信贷，谴责它毁坏了社会的结构，而实际上信贷不过是社会对整体危机的一种反应。16世纪上半叶，与社会开放、征战节节取胜的卡斯蒂利亚相呼应的，是著名的萨拉曼卡学派进行的神学研究。从意大利经院学者和佛罗伦萨的圣安东尼的著作中，可以看到该学派扩展了有息贷款禁令四大例外的范围。一个世纪后，卡斯蒂利亚将自己禁锢在自身的荣耀和血统的纯正中，既无能力免除任何成规，也无能力创造自身的财富。

既放贷也工作的犹太人和穆斯林屡遭驱逐，这进一步加深了思想上的隔绝孤立状态。卡斯蒂利亚越是沉溺于自己的虚幻世界中，就越是妨碍了现代化机制的运转。在这一倒退过程中，对有息贷款的禁令如同一个黑洞，任何衰败都无法逃脱出去。以保全家庭财产为旗号而进行的小规模高利贷活动在各地兴旺发展，而信贷作为一种经济发展工具的概念却仍被禁锢在禁区。

与此相反，在安特卫普，继而在阿姆斯特丹和伦敦，新的信贷手段层出不穷：销售佣金、合股公司、海事保险、现代专业银行。在每一种发明中，利息都是其概念的基础。西班牙和所有其他天主教国家一样，对有息贷款的禁令是思想发展的主要禁锢。甚至时至今天，我们还常常感到欧洲北部日常生活更为先进。这种感觉的根源，就在于一个经历了文化革命的世界和一个沉溺于昔日神话的世界的分裂。

第六章　启蒙运动的反差

五花八门的法律和实践

18世纪的伟大解放运动再次改变了各种高利贷理论。欧洲经济、特别是北部经济扩张，商业总量不断增加，殖民公司开始大肆扩展，从“法律事件”（Law affair）开始金融成为关注的中心：所有这一切都带来了信贷的极大发展。有息贷款仍然是宗教界争论的焦点，有人认为它是进步的标志，也有人视其为通往毁灭之路。同时，它也成为许多经济学家和哲学家最津津乐道的辩论话题。

在仍然执行禁令的国家，层出不穷的文章对经院哲学信条进行了公开或间接的攻击：他们以宗教正统的名义，指出合法利息是与高利贷相对立的。“合法利息”一词，表示的是一个人由于放贷而放弃其他投资获利机会所应得到的补偿。另有一些人试图采用一个新的外来语：*les civilis* 或者*auctoritas principis*（由民法或惯例法授权厘定和收取些微利息）（De Roover，1953）。

1745年，以严守教义著称的教皇本尼狄特三世，发布了《高利贷通谕》，以惊人的方式重申了教会的传统态度：高利贷的做法仅限于金钱的借贷。任何对超出和高于本金的要求都是高利贷。在任何情况下，这种要求都不能说只是些微的和不过分的，也不能辩称还债人是富人而不是穷困潦倒之徒，或者说借债人的意图就是用这笔钱生财的。补偿只有出于非贷款本身的因素，以及根据与该贷款本质上不同的合同,才是合理的。

向保守的突然逆转是显而易见的,甚至几个世纪前佛罗伦萨和萨拉曼卡经院哲学现代派所阐述的原则也遭到否定！对此,我们能做何解释呢？这无异于教会思想立场的强硬化。尽管教会深知新教国家经济在爆炸式地发展,也明了一场哲学运动正在席卷整个欧洲,启蒙运动成为了进步的标志，但它仍然坚持回归原教旨原则的思想。回归根本也可以带来向现代化的逆转,加尔文就成功地做到了这一点。但是，这样做尽管有传统的堂皇外衣，但面对经济现实时却变得不堪一击，使教会的社会代表权陷入了异化过程，直到今天仍难以复原。总而言之,《高利贷通谕》引发了争议。这不再仅仅是一场道德或宗教辩论，而是一场地地道道的哲学大战,并因不同国家针锋相对的法律和实践在欧洲的并存,而愈演愈烈。

在联合省,自1685年以来,利率一直由合同双方自行约定,因此经济规律自由地发挥着作用。阿姆斯特丹的商人对借钱出去赚取“一定的利润”,直截了当地说就是赚取利息,毫无忐忑之感。尽管如此，在整个17世纪和18世纪，阿姆斯特丹货币市场的利率一直保持在低于任何其他地方的水平，最低时甚至达到3%，引得英国商人不断抱怨货币市场偏向荷兰这些竞争对手。

但是,荷兰人也未能在这场辩论中坐山观虎斗,其争论也同样激愤。直到16世纪中期出现对货币的实际需要之前，人们可以通过出售附带回购权的实物地租（selling real rent）获得资金，而不必违禁告贷。实物地租是以土地产出支付永久年金。实物地租通常用由荷兰上议院掌管的孤寡金购入。1567年，购买权从地租出售者扩大到地租购买者。借、贷双方的经济状况是采取这种做法的依据。但是，后来它被扩大到所有寻求资金的人，不再仅限于穷人。因此，以寡妇和孤儿为例，许多拥有资金的人都开始响应对资金的需求。这一做法不乏其捍卫者。萨尔马休斯（Saumaise）这个流落荷兰的法国法学家声称，钱可以出租，也可以赚取利息，利率应该由合同双方自行决定。荷兰议会宣布赞成这些已被广为接受的、收取利息的经济活动，而且认为这些尽属民事范畴（Du Passage, *DTC*）。

这一观点并未得到一致赞同。18世纪初，逃离了乌得勒支教区的法国詹森教派对此进行了严厉驳斥。同时也存在一些例外，如尼古拉·布罗德森（Nicolas Broedersen）就摒弃了传统观点，把加尔文的思想与最为进步的天主教主张结合在一起。

如果说荷兰是现代性的试验场，那么意大利就是根本怀疑立场的代表，最为保守的传统和最为开放的商业实践针锋相对。自中世纪以来，有息贷款就为意大利商人广为使用，但他们对此的遮遮掩掩有时成功，有时则蹩脚。随着新时代的到来，人们不再伪装，银行对定期贷款支付利息，恰如其分地称之为“discrezione”。教会禁止高利贷，对送礼则一言不发。但是，直到旧时代结束之前，利息一直是遭禁的。1787年，商业法一代大师阿祖尼（Azuni）发表了《商业法理通典》（*Universal and Reasoned Dictionary of Mercantile Jurisprudence*）。书中仍然坚持贷款的无偿性质，引用《高利贷通谕》来谴责他所称的马费伊侯爵和拿破仑时代的修道院长杰诺韦西主张的颠覆性理论。马费伊和杰诺韦西都是荷兰詹森派信徒布罗德森自由派理论的追随者。阿祖尼说，高利贷是直接从贷款得到的任何收益，他唯一认可的收益是通过法庭裁决得到的欠款的利息。

我们已经看到了17世纪以来天主教经济学家对利息和高利贷做出的微妙区分。这种区分恰恰打开了一个缺口，导致了经院思想最终被彻底摒弃。

在英国，法定最高利率从1624年的8%，降至1651年的6%，1714年更下降到5%。经济学家摒弃了经院学说，一致赞成有息贷款。但是，一个市场问题却引起了轩然大波。这个问题就是应该维持还是废止法律对利息的硬性规定。荷兰市场的榜样以及教皇的相反立场，使这场争论更为激烈。争论的焦点从纯粹的禁止，发展到对法定利率的辩论。有些人认为荷兰的繁荣是因为利率低，主张降低英国的利率；也有人认为低利率是经济繁荣的结果，而非起因，这一派最终占了上风。这一立场的主要维护者，就是以其社会复兴精神而名贯欧洲的哲学家、法学家杰里米·边沁（1748—1832）。

边沁的论述

杰里米·边沁是功利主义的领袖人物，这一学派主张为最大数量的人民创造最大程度的福利。在1787年发表的题为《为高利贷辩》（*Defense of Usury*）（Bentham，1962）中，他对当时在英国仍然有效的固定最高利息系统的种种恶劣进行了阐述。

> 任何年及而立、心智健全、行动自由和明察世事的人，都不应该被阻止在他认为适宜的情况下，为了自己的利益进行此类交易，以便获得资金；也不应（作为一个必然结果）阻止根据他认为适当的条件，向他供应资金。（Vol. 3，p. 3）

接着，边沁讨论了可以想象到的阻止他所倡导的自由的理由，列举出其对立派提出的五种观点：防止高利贷；防止挥霍；保护穷人免遭压榨；防止谋划者的暴敛；保护头脑简单之人免遭强难。这些与当今消费者保护协会的宗旨遥相呼应。与其根据上帝的意志一切以清白的良心为指南，边沁更愿意对现实进行具体的分析。他对这五条理由各个击破，并针锋相对地提出了解放市场的实际办法。

按照边沁的观点，防止高利贷的必要性，建立在多少世纪以来未经质疑就被接受的一种认定之上，也就是“高利贷是个坏东西，既然这样就应该防止；放高利贷的人都是坏人，非常坏的一类人，既然如此就应该遭到惩罚和压制”。认定这一点的前提，是假设高利贷的性质已经得到正确的判定。但情况并非如此。边沁提出了两个基本定义：一个是法律的定义，即收取超出法律允许范围的利息；另一个属道德范畴，即收取高于通常收取或支付数额的利息。

这些定义具有惊人的现代特点。欧洲委员会在布鲁塞尔讨论消费信贷问题时，边沁提出的理论基础仍然是欧盟指令的基本依据。边沁指出，习俗是道德家或立法者可以各自定规立法的唯一

依据。但是，

> 把自由选择决定的习俗作为强制措施的依据，还有什么比这更为脆弱或者说更无道理的吗？……盲目的习俗因此成为唯一的和武断的指南，但它的决定也不是稳定或统一的：在同一个国家，它随着时代的变化而变化；在同一个时代，它因国家的不同而不同，法定的利率随之变化……我认为，立法者在固定其他商品的价格方面，至今所为甚微；而在已经有所为的方面，唯有动机的纯正无可置疑，但原则是否正当，或其结果是否有益，则要商榷。将金钱按利息借出，是以今日之钱，交换未来之钱；但是，为什么运用在一般交换中普遍被认为是荒唐和不轨的规则，在这种特定的交换中却是必要的，这一点人类还没有习得。从对任何其他东西——例如房屋——的使用中尽量获利，人们无甚非议，或者不会落得声名狼藉……为什么一个人从对一笔钱的使用中尽量获利，无论是得到百分之六、或七、或八、或十的利息，就要被称为高利贷者，就应背上恶名，而他用同样一笔钱购买房屋、然后相应地获利却不会呢？我对此感到费解。（Vol. 3，p.4）

接着，边沁对这些限制性法律是否能够有效防止挥霍提出质疑。他说，挥霍者为金钱付出超常的利率，既不正常，也不经常。任何需要提供抵押担保的人，都不会以超出常规的利率借钱。因此，法律限定的利率其实对挥霍者一无用处，因为只要他拥有担保或抵押品，如果找不到放债人，他就会卖掉抵押品，替代借贷。最后，那些既无抵押品、也找不到人按法定利率借钱给他的人，就只能借到比在没有限制的情况下利息更高的贷款。可能找到的放债人为数有限，因为在这种情况下，交易是违法的。因此，放贷人不仅会要求更高的回报，而且还可得到缺乏竞争的好处。

换言之，规管高利贷的法律只能给可能被认为贫弱的人以表面的保护；更有甚者，这些法律助长了完全不在市场掌控之中，而且根本违背了这些法律原旨的非法交易。边沁接着分析说，反高利贷法所保护的，可以说还有另外三类人：

> 贫困潦倒之人，莽撞闯世之人，头脑简单之人。这些人需要金钱，宁可付出超出常规的利息，也不愿得不到；这些人由于莽撞，可能冒险接受这样的利率；他们疏于谨慎，加上无知，就有可能勉强承担下这样的利息。（Vol.3，p.7）

关于贫困潦倒之人：

> 他急于免遭损失，……然而与损失相比，利率之高使得他所挽回的净值尚不足百分之一甚或更少。但只要有些微收获，即使借款条件如此苛刻，他的处境也会有着些微的改善。如果不是获益，而是换成任何其他好处或便宜，如果不是损失，而是换成任何其他相当的不幸或不便，结果都会是一样的。
>
> 假设一个人处在借贷对他有利的境地，然而他的处境又不值得他人以法律所允许的最高利率借钱给他，换言之，以这样的利率他贷不到钱。如果他觉得可以在这个利率贷到钱，

当然就不会付出更高的利息。他肯定会这样，因为根据这样的逻辑，他的想法没有纰漏。但事实是，他无法以这个较低的利率获得贷款。不过，付出较高的利息，他就可以得到贷款，尽管利率较高，也可能值得他接受。于是，他开始盘算。没有什么可以妨碍他做出正确的判断，他拥有所有让他做出正确判断的动机和手段，也拥有所有让他明了自己处境的各种动机和手段，而对自己处境的了解又是他调教自己判断的基础。立法者，要么一无所知，要么无所不知，跑来对他说："这不解决任何问题，你不能要这个钱。允许你在这种条件下借钱，是给你带来不幸。"这完全是出于谨慎和一片关爱啊!比这样做残忍的事情可能有，但还有比这更愚蠢的吗？（Vol.3,p.8）

关于必须保护头脑简单之人：

一个弱者借钱时的迫不得已，和他买东西时别无选择，没什么两样。借钱者反而因为贷款的期限不定或短暂而处在安全的处境：他在利率上的任何草率行为可以随时纠正过来。如果我觉得自己给张三的利息太高，我只需从李四那里以较低利息借钱还上即可。（Vol.3, p.8）

在论文中，边沁还阐述了维护放债人的论点，强调了造成其形象败坏的原因：

放贷只是在基督徒之间进行而且在基督时代是被禁的营

> 生，但其实无论何时何地，放贷从来就不是一个让人待见的职业。那些断然为未来而牺牲当下的人，自然会成了为当下而牺牲未来的人的羡嫉对象。已经吃掉蛋糕的孩子自然是拥有蛋糕的孩子的天敌。盼钱的时候，钱到手没多久的时候，借出钱的人是朋友，是恩人。钱花光了，梦醒要还债的时候，恩人就被变了性质，被栽上暴君和压迫者的称号。一个人要讨回本属于自己的钱，就是压迫行为，而拒不还钱，反而不是。在不假思索的一群、也就是人类的大多数中，自私自利和社会的偏向结合在一起，极尽偏袒放浪的人，而对供给他开销的克俭之人却不予公道。这种偏袒总是一路这样那样地呵护着这个放浪的人，而克俭之人却在其营生的任何时候都分享不到。(Vol.3，p.17)

边沁的卓越论述，即使在今天对举债过多问题的闲言碎语中，仍然余音不绝。这一讨论所涉及的三方——信贷从业人员、规管部门和消费者代表，都应重温他的论述，以便辩证地看待自己的立场。与其说天真，毋宁说边沁清醒地认识到规管过严或过宽，都会使人们依照天性努力找到规避的办法，而遭殃的总是穷人。

《为高利贷辩》（Bentham，1962）结出了成果，尽管果实成熟得有些缓慢。1854年，英国废除了划定高利贷的最高固定利率。这种利率也永远成为了历史。

杜尔哥的《回忆录》

14世纪早期的各代法国国王允许参加香槟集市的商人收取

15%—20%的利息。这是整个王国唯一允许收取佣金的地区，它处于佛兰德斯和意大利北部之间，类似一个自由区。但随着集市的衰落，这一宽限也逐渐废止了。直到法国大革命之前，贷款利息一直遭禁。上法庭讨回利息是不可能的，借债人如果付出了不必要的利息，甚至可以对放贷人采取行动。

直到17世纪中期，大部分天主教法学家都拒不接受把向借债人提供服务作为“租用钱财”（hiring of money）的理由。他们对在农村地区极为普遍的“商业贷款”和所有其他各种贷款大加指责。尽管如此，被神学家和世俗立法者视为不可接受的利率，仍然是几乎所有商贾的家常便饭。他们从一个集市到另一个集市，得到担保卖方信贷（insured supplier credit）。对农民来说，多亏有过渡贷款，他们才得以应付天时的不利，一季季地耕耘收获。显然，这些违禁贷款常常无异于高利贷，是边沁理论的又一明证。

巴斯基耶尔·吉斯奈尔（Pasquier Quesnel）是重商派，也是第一个脱离了经院哲学的陈旧主张，向加尔文思想靠拢的人，但他的开明思想长期以来鲜为人知。直到1682年，让·勒高乐（Jean Le Correur）牧师才在其论文《论商业单据实践》（*Treatise on the practice of bills between merchants*）中，提出了具有创新性的神学信贷观。这种实践指接受“按照单纯的商业原则议定的以期票为形式、有一定期限的有息钱款”（Tavenaux，1977）。在勒高乐看来，以这种方式、出于有用的目的使用并因此转变为资本的钱款，不是没有生殖能力的（sterile）。对一个商家放债，等同于个人之间的商业契约。在这个意义上，佣金是合法的。他对慈善性贷款，也就是借出之物使用功能的单纯转移这种消费意义的行为，与以使用为目的的商业贷款，进行了区分。只有前者在不完全无偿的情况下,才属于高利贷。正是为了反驳勒高乐的著述,鲍苏埃(Bossuet)才撰写了《论高利贷》(*Treatise on Usury*)，对高利贷进行了传统的攻击（Taveneaux,1977)。

随着英国新自由主义的出现，杜尔哥（Anne Robert Jacques Turgot，1727—1781）这个魁奈的追随者和利摩日行政区长官以“昂古莱姆事件”（Angoulême affair）为例，说明了旧禁令造成的扭曲。杜尔哥的论述无懈可击。昂古莱姆绝非商业之都，一个人只要发财,就会立刻去弄个贵族头衔。因此,绝无仅有的一点商业活动只能由几乎身无分文的人靠贷款进行。由于贷款非法，所以他们只能借高利贷。利息高不仅因为贷款的稀缺，也因为极其缺乏保障。破产司空见惯，而就在杜尔哥在1770年向行政法院提交他的《回忆录》(*Mémoire* ）之前，发生了一起破产诈骗案。几个商人议定相互签发期票，而他们并没有真正的抵押品。期票经各方背书后被用来支付或借钱。谋划者之一获得巨额款项后潜逃。贷款者准备追查背书者的责任，而后者则威胁前者要告发他们放高利贷。放贷者之一力图买通告发人,以归还已付利息,换取免于高利贷起诉，由此引发了该地区向所有放贷人索要赔偿的危机。告发人的贪婪和紧追不舍、放贷人的恐惧以及昂古莱姆的法官对高利贷指控的轻信,造成了殃及整个地区的严重经济危机。

于是就有了杜尔哥《回忆录》中的雄辩：

> 法院认可的法律和现行的贷款利息都错了；我们的法律所遵循的是多少世纪前由神职人士开始的对高利贷的苛刻偏

见，而这些人既没搞通《圣经》，也不懂得自然法则。严格遵守这些法律，就意味着一切交易将被摧毁，因而也就无法严格遵守这些法律。法律禁止对利息的任何操控，却对本金不置一词。法律宣布任何超出亲王命令所定利率的利息均属违法。众所周知，世上任何市场的大部分交易，无不通过借款并在本金没有异化的情况下开展，利息不按成规定死，而是取决于市场资金的盈缺以及借款人偿债能力的大小。僵化的法律不得不屈从现实情况，法理不得不在实践中调整其理论原则。我们已经走到公开容忍贷款的地步，交易者可以进行票据、折扣或其他任何形式的资金往来。只要法律禁止本质上属于必要的事情，这种情形就会永远存在。但是，如果这些法律没有废止而是继续实行，有法不能依或只是半依半从，造成的结果将是非常不快的。一方面，对法律明知故犯，削减了对所有公民都应遵守法律这一意识的崇敬；另一方面，这条法律的存在维持着一种不该存在的偏见，谴责的是本身合法、没有它社会就难以生存、因而很多公民都不得不做的事情。做了，这部分公民就变得低人一等，这种在公众眼里的降格的开始将削弱这些人的荣誉感，而荣誉感又是诚信的基石。《法律的精神》一书的作者写道："如果法律禁止必要之事，就只能把行此事之人变成不诚实之人。"再者，法律没有规定在何种情形下必须遵守、在何种情形下违背可以宽容，因此，违法之人的命运只能交待给如同公众舆论一样摇摆不定的法理来决断。一些人公开做的事，可能得到公众的许可，而到了另一些人身上可能就成了犯罪。因此，如果一个人放心大胆地做人人皆知为

> 公众容忍的事情，要让他身败名裂，只需要法官偏听偏信或者盲目狂热即可。（Vol.3，p.163，Turgot，1919）

杜尔哥看到，贷款的高利息几乎只能抵偿放贷的风险，放贷者也根本无法因此致富，但法律对此视而不见。借贷者毫无怨言，因为没有贷款，他们就无法做生意，就会断了生计。既然当局对利率高达75%的贷款都视而不见，那么我们就要问一问究竟利率高到什么地步当局才干预呢？杜尔哥怀疑莫非检察官在等待认为自己冤枉的借款人来上告或是告发放贷人?!

> 他将沦为这些无赖的工具，他们毫无诚信，自愿许下承诺又要反悔，而这一法律保护的只是不值得保护的人，让他们比诚实的人更有运道。老实人信守协议，甚至用法律让自己摆脱责任的念头，都会让他们脸红。

接着，杜尔哥请求立法准许有息贷款，申辩说上帝也不会禁止“这个对社会繁荣绝对必要之物”。他并未就此罢休。他所主张的不仅是贷款立法，而且要放开利率。于是，他和同期正在激烈反对利息上限的英国经济学家站在一边。按照杜尔哥的观点，利率应该是由供需关系决定的市场价格，而且应取决于借款者所造成的资本风险。

杜尔哥这一观点与后来边沁的思想已相去不远。杜尔哥指出利率不同是完全有道理的。

一个人没有担保，为什么就要被剥夺了他绝对需要的借债的权利?为什么要剥夺他创业致富的手段?民法和宗教法都没有强求任何人无偿地给他支持。因此，如果在一个他所接受的价格水平上帮助他,让他得以支付让自己获利的活动,民法和宗教法又为什么要禁止呢？(Vol.3, p.169)

他还抨击了亚里士多德和经院哲学家提出的货币不具备生殖力的观点。

他们忘记了：钱是农业、制造和贸易等所有创业活动的必要工具。有了它，农人、制造者和商人就可以获得巨大利益；没有它,就无法获得。因此,贸易中的钱无繁殖力不过是出于一个小误会而造成的明显的失误。

他接着又为利息的合法性进行辩护。

平等意味着在一份并非无偿的合同中，双方给予的保证金应该等值,任何一方都不能得大于出,或出大于得。放贷者所要求的，不过是得到在本金以外比自己所给的多一点，如果只得到本金，他的所得就和所出就完全相同了。(Vol.3, p.173)

但令人称奇的是，尽管我们的出发点是协议中保证金的平等原则,建立的系统却是好处让一方占尽,而另一方却完全没有。没有比这更显而易见了!多年后，我借出的钱如数还给我，没有利息，显然我没有任何进项，而且丧失了对这笔钱的使用权，还要冒损失这笔钱的风险。一进一出，不多不少，和我把这笔钱锁在家里毫无两样！同样清楚的是，借钱者用这笔钱得到了好处，这个好处是他借钱的唯一动机。因此，我付出而一无所获，我很慷慨。但如果我出于慷慨给出的是一件实物，我也完全可以卖掉它而不会犯法。（Vol.3，p,180）

杜尔哥驳斥了引用《圣经》反对有息贷款的论点。他声称，法官禁止此类贷款，是因为受到了经院哲学神学家的蒙蔽，这些人自以为在福音书中找到了证明其偏见的依据："借贷而不期待利息"（《路加福音》，VI）。有理智的人都会看到，这句话只不过表达了一种慈悲的教诲而已。把它变成一条严格的公正戒律，不仅有悖理性，而且歪曲了文字。此外，这句话所在的章节，恰恰也包括了被称为"福音劝谕"的一系列格言，作为通往完美之路，但并非每个人都被要求做到。如果完整地看这一段落，意义便不言自明："你们要爱仇敌，善待他们；借钱给人，而不期望收回。那么你们将得到丰富的奖赏，而且将成为至高上帝的儿女，因为他也以仁慈待那些忘恩负义和邪恶的人。"（Vol.3，p.182）

杜尔哥认为，对有息贷款谴责的真正思想渊源只能在具体历史背景中找到：

尽管规范有息贷款的原则性质上很简单，尽管那些在这个简单事务上混淆视听的谬论都是无稽之谈，但为什么谴责有息贷款的公共舆论竟然可以变得如此普遍？（Vol.3，p.183）

要找到神学家偏见的出处并不难。他们因为高利贷者所造成的祸害，才发明了谴责有息贷款的种种理由。受人雪中送炭的快乐，随着需要的消失而烟消云散；但很快需要又找上门来，债务再次缠身，直到还清才能解脱这一负担。再者，放贷者借出的尽是超出其需要的部分，而借贷者所借也通常仅为满足需要所必需。而且：

> 尽管法律的尊严站在放贷–债权人一边，而债权人也只是要求得到本来属于自己的东西，但是人们的情感和怜悯心却总是偏向借债人。我们觉得如果归还所欠，借债人又会再次陷入困苦，但是债权人如果没有得到本该是自己的东西，仍然可以生活得不错。(Vol.3, p.183)
>
> 放贷人无法收回自己资金的可能性越大，利息率就应该越高。他必须从为数不多的可靠借债人那里获得利息收入，其数额应该足以抵消那些不可靠借债人因为破产而无法偿还的本金和利息。 (Vol.3, p.183)
>
> 在所有古代的共和国中，废除债务永远是人民的愿望，也从来都是希望笼络人心的野心家的呼声。有时富人不得不就范，以便平息民怨，避免更残酷的革命，但这也是放债人面临的另一个风险，因此，利率只得不断上升。 (Vol.3, p.185)

杜尔哥接着阐述了通过立法放开货币贸易的好处：

> 这种自由的效果就是竞争，而竞争的效果就是利率降

低:这不仅因为对有息贷款的歧视和借贷风险所造成的附加费用总是会落到借债人头上……,还因为偏见不再得到法律的巩固,一点点地让位于理性,于是本来锁在钱匣中的大量资金就会进入流通。(Vol.3, p.193)

杜尔哥的长篇大论热诚恳切,有理有据,昂古莱姆事件是其有力的事实依据。它成为了法国法理学家思索的根本性文本。它与渴望解放的启蒙时代配合得天衣无缝。从这个意义上说,它已经过时,但它的分析缜密,它用理性的光芒照亮僵死的思想状态,至今仍然是信贷工作者可以汲取丰富营养的文本。这篇文字当时不仅对思想界,也对杜尔哥的职业生涯都产生了巨大的影响。

1789年,制宪会议宣布财产自由、工作自由、贸易自由和信贷自由。1804年,有息贷款实现合法。《民法典》第1905条规定"允许单纯贷款——无论是金钱、食物或其他可移动财产,规定利息"。拿破仑时代的这一立法很快传遍了地中海地区。面对这样的局势,教会没有退缩,只是从此一心一意地攻击高额利率。杜尔哥的文字不动声色地完结了得到教皇和公会培植、被奉为教义的信条。

第七章　向经济概念的转变

自19世纪起，信贷已成为增长的基石。它已不再是神学论辩的题目，而成为了各大经济学派研究和争论的问题。每一个学派都程度不同地试图回答：购买力的变化对实际国民收入会有什么影响呢？当然，消费信贷本身要等到20世纪才得到经济学家，而且几乎完全是在美国的学者的重视。但是，整个19世纪中，经济思想已经敏锐地观察到古典模式塑造的负面形象。这一现象到了20世纪初仍然顽固地存在着，德国教授陶斯哥（Taussig）对此有精彩的论述或者说嘲弄。1901年，他写道，贷款给花钱如流水之辈“只能把劳动导向巧克力和香槟酒的生产，而不是工厂和机器”！（p.81）尽管如此，大部分经济理论家和实践家已经对有息贷款的效用深信不疑。克罗德-弗雷德里克·巴斯蒂亚（Claude-Frédéric Bastiat）对此一语中第：“给予贷款就是给予时间，是牺牲时间给予他人，是牺牲对他来说宝贵的东西；因此，他（借款者）必须为用当前的东西换取即将实现的东西而付出。”

消费的危险

18世纪一些关于人之本性的思想，通过1776年3月出版的亚当·斯密的大师之作《国民财富的性质和原因的研究》，传达给了下一个世纪的经济学家。亚当·斯密把一国的财富分为三部分：被消费的部分，因此不产生收入或利润；固定资本，在不流动的情况下创造收入或利润；流动资本，只有在交换时才产生收入。

根据亚当·斯密的理论，通过储蓄而获得的资本增长，是实际财富和收入的主要来源。在大部分情况下，一个富人每年会消费其收入中不菲的一部分，把它分散给一系列的闲客和仆人。这种消费显示不出任何回报。然而，他存留的那部分收入则会立即用作资本，也会被消费，但消费者却不同，是农户、工匠等，他们将再生产出其年消费价值和利润。如果一些人的挥霍没有另一些人的勤俭作为补偿，国家就会沦于贫困。每一个挥霍的人都似乎是一个公共敌人，而每一个勤俭的人都是公共善人。但是，大国从未因个人的挥霍而灭亡，相反却会被公共挥霍或行为失当毁灭。所幸的是，大部分个人的勤俭和良好行为，大都不仅足以弥补私人的挥霍和不端行为，也可以抵偿政府公共开支的铺张。

耐用品的消费比大吃大喝等即时消费更为可取，因为耐用品可以比其他形式的开支，更多地维持生产工人的生活，并为公共财富的增长做出贡献。“借钱花钱者将迅即潦倒，借钱给他的人一般都会有一天为自己的愚蠢而懊悔。因此，在任何情况下，用于此目的的借或贷，如果高利贷不可能的话，就会有悖于两者任何一方的利益”。这些思想主要受到了贵族阶层行为的启发，贵族们常常以其财产为抵押，支付日杂商、交易商、表演者和其他艺人提供的产品和服务。

1732年出版的本杰明·富兰克林的《穷理查历书》(*Poor*

Richard's Almanac)，就通过其人物，表现出当时的种种道德和社会态度。我们可以读到这样的描述：

> 厨房如满盈，意志则薄弱……(Vo.Ⅱ，p.32)要知金钱值几何，跑去借债就知晓；跑去借钱，终将后悔；借钱容易收钱难，讨债方知钱值几何……（p.34）喜衣装，会遭殃；追梦之前先看看钱包……(p.36)傲慢和困苦都让人乞讨，但傲慢更诱人。一朝购得一件好东西，就忍不住要买上十件……（p.36）压抑第一个欲望，比满足所有其他的欲望更容易。穷人装富，如同青蛙鼓胀身体充牛一样愚蠢……（p.34）靠虚荣支撑的傲慢，必将招致蔑视。傲慢以富足发端，以贫穷为伴，终致名誉扫地。总而言之，冒如此大风险，受如此多痛苦，这样肤浅的傲慢又有何用？它无法增进健康，也不能减少苦痛；它不能让人更加优秀，只会衍生妒忌，加快不幸的到来……(p. 35)为了这些无谓的委琐事而负债，该是多么严重的疯狂!这笔买卖给我们半年的信贷，招引我们去成交，我们没有现钱，现在就希望没这笔钱也可以。但是，哎呀!想想吧，你欠了债怎么办；你让另一种力量左右你的自由。如果你不能按期还钱，你会没脸见你的债主，你跟他说话会心怀恐惧，你会找出种种可怜而拐弯抹角的借口，渐渐失掉了你的诚实，陷入堕落，干脆撒谎。第二大恶就是撒谎，第一大恶是欠债……(p. 35)债务的背上驮着谎言。

其中陈旧禁令的余音不难察觉，它渗入资产阶级的新教道德，把它的社会模式强加到了欧洲部分国家的头上。无论亚当·斯密的经济学著述,还是本杰明·富兰克林的个人哲学,有一点是新颖的,即给消费赋予了重要意义。

在这场持续的争论中，基督教传统攻击利息，进而攻击信贷。它谴责一切形式的信贷，且常常毫无理由地把资产信贷（equipment credit）、商业信贷（包括海事信贷）和过渡贷款混为一谈。亚当·斯密和本杰明·富兰克林开创了一个新时代，信贷得到广泛接受,但只用于专职或者投资目的,这被认为是唯一可以创造财富……和道德的信贷形式。对他们来说，消费意味着徒劳无获的、奢侈甚至是不负责任的开销。这就类似于为天主教国家旧贵族阶层所嘲笑的一种社会淫乱,凡尔赛是群淫之首,对奢华的热衷是其唯一的桂冠。新的社会模式应该以衣着严肃朴素的资产阶级为基础,他们埋首账簿,消费的念头都会让他们感到痛苦。

既然传统认为如果信贷不是直接参与了财富的创造，至少也是嫌疑犯,那么把消费和信贷这两个字眼联系在一起,就构造出一个与新兴资产阶级模式截然相反的形象：坏蛋、无所事事、挥霍无度,传说中的知了行为（cicada behaviour）的化身。

主要的古典经济学家在其著述中对这一形象进行了理性化处理。在其分析中，他们首先提出单纯和完全的竞争（大量参与者，但每一个都没有大到足以影响市场的程度）以及价格灵活性（价格变动，直到达到市场的供需平衡点）这些假设，以此为出发点。这些假设保证了生产要素，即资本和劳动力的充分使用。市场交换基本是一个易货交易过程。于是,购买力等于总生产,需求不能限制生产,生产完全取决于生产要素的供应,即现有的资本和劳动力的良好使用。要提高工作效率，就必须改善技术，增加资本。在这个模式中，由于增长不受需求的限制，如果我们不勤俭节约用于投资而是去消费，那么就会延缓未来的增长和生活水平的提高。这一思想起源于萨伊（Jean-Baptiste Say）的著名市场法则（loi des d é bouch é s），即“供应产生其自身的需求”。这一思想首见于1803年出版的萨伊著作《政治经济学概论》（*Traité d'économie politique*），并在1817年大卫·李嘉图的著作《政治经济学及赋税原理》（*Principles of Political Economy and Taxation*）中得到继承。

> 但是，萨伊先生非常令人信服地表明了，一国之内没有资本会不被利用，因为需求的唯一局限就是产出。一个人生产，就是为了消费或出售；而他出售，就是为了采购一些其他商品，用来满足当下的需要或者投入未来的生产。于是，只要生产，他就必然成为自己产品的消费者，或是他人产品的购买者和消费者。不能设想他会长期受到蒙蔽，不了解他可以以更大的优势生产出某些产品，并用这些产品来获得他认定的物品，也就是拥有其他产品。因此，他不可能继续生产没有任何需求的商品。（p.290）

约翰·斯图亚特·穆勒（John Stuart Mill）在1848年出版的《政治经济学原理》（*Principles of Political Economy*）中也做出了同样的论述：

> 产业受制于资本……（Vol.Ⅱ，p.63）资本的增加为劳

动力带来更多就业,且没有可限定的界限……(Vol.Ⅱ, p.66)只要有具备工作能力的人,有食物养活他们,就可能永远雇用他们生产什么……这一论点大为有悖于通常的信条。人类的思想中最具普遍性的莫过于这一点,即富人的非生产性支出,对穷人的就业是必要的。亚当·斯密之前,这一信条几乎从未受到质疑;但从此时之后,享有至高名誉和成绩的作家们(如马尔萨斯先生、查莫斯博士、西斯蒙第先生)都辩说如果消费者把超出其收入的有限的一部分的资金节省下来,转化为资本,不把相当于国家资本一定比例的收入用于非生产性消费,那么增加的积累只能是浪费,因为通过这种方式产生的资本所生产出的商品将找不到市场。我认为这是政治经济学中出现的诸多谬误之一……(Vol.Ⅱ, p.67)限制财富的从来都不是消费者的低效,而是生产者和生产能力的低效。资本的每一次增加,就会为劳动力带来更多就业或更高的报酬,增加国家或是劳动阶层的富裕程度。如果资本的增加带来更多的人手工作,生产总量就会增加;如果人手不变,每人分摊的资本份额就会提高;在这种情况下,甚至可以刺激他们更为卖力,提高生产本身……(p.68)资本是节省的结果……信贷不产生而是转移了生产资金……(Vol.Ⅱ, p.527)发放信贷经常地被说成等同于资本的创造,或者信贷好像就是资本。信贷只是使用他人资本的许可,生产资金不会因此而增加,只是进行了转移。这一点还有必要特别指出,真乃怪事……(p.527)但是,尽管信贷只是资本的易手,通常也是自然地转移到了更有能力有效利用资本进行生产的人的手里。(p.528)

萨伊是法国新教徒，他赞成有息贷款的自由市场。在《政治经济学概论》（*Treatise on Political Economy*）中，他专门撰就一章，对此进行论述。他指出，低息的条件之一是要遵守贷款合同，按时还款。

> 保险金往往构成所谓利息的大部分，其比例取决于放贷者得到的安全度；安全有三方面情况：(1)使用方式的安全度；(2)借贷者的个人能力和品行；(3)他所在国家的善政……(p.301)借贷者所在国家的善政可减少放贷者的风险，于是他为防备这一风险所必须收取的保险金就可相应减少。因此，只要法律和政务无法保证资金的表现，利率就会上升。如果政府和法律助长违约行为，比如准许有债不还，或者不承认诚信的合同，利率还会上升得更多。(p.303)
>
> 对资不抵债的借贷者实施个人限制，一般都被认为有损于借债方，但实际却相反，对他是有利的。在放贷者权利得到法律有效保护的情况下，获得贷款就更容易，条件也更优惠。(p.303)

尽管他对信贷持赞成的观点，但他反对借钱用于非生产性消费。他所订立的理智的规则，可见仍在起作用。

> 立约贷款，有时不是为了生产性投资，而是仅仅用于消费。这类交易应该永远引起放贷者的警觉，因为它们无法产生无论偿付本金还是利息的任何手段。如果以收入的增加

> 取息，则在任何情形下，这种交易都是对这种收入的预期。如果以收入的来源取息，这样的交易则恰好断绝了收入的来源。如果收入和收入来源都不能成为担保的话，那么这样的交易就只会把一个人的财产让另一个人随意处置。（p.302）

古典经济学家依循《穷查理历书》中的训诫，认为消费信贷主要目的是用于被谴责为社会浪费的奢侈性开支。但是，耐用消费品和一般消费品之间有所区别，前者比后者更为可取，因为它们可以增加物品的积累，因而增加国家财富。

对“古典”学派来说，消费信贷从短期看对增长的作用为零。它可以增加对消费品的需求，因为价格的灵活性使经济处于充分生产状态，但牺牲了对资本物品的需求。其结果，消费品部门的生产和利润增加，但资本设备产业的则减少。因此，从长期看，消费信贷对增长产生负面影响，因为它延缓了资本的形成，而生产力的提高又依赖资本。相反，节省从短期看其作用是中性的，因为它只是把购买力转移到了投资上，但从长期看，它对经济起到了积极作用，因为它增加了如果短缺经济就可能停滞的要素。

消费与危机

古典模式不足以解释贯穿19世纪的一系列危机，因而遭到一些经济学家的严厉批判。他们认为，由于消费不足，特别是就业人口的消费不足，因而自由经济会导致周期性的危机和生产过剩。

罗伯特·马尔萨斯（1766—1834）就是首先攻击萨伊市场法

则的经济学家之一。他以一套总体理论中的有效需求原则，解释了长期停滞和持续失业的现象：

> 可以相当肯定的是，无论生产能力有多么强大，充足的消费热情可以充分维持供给和需求之间的适当比重；而特别热衷于积累，则似乎必定导致商品的供应超出这样一个社会的结构和习性允许消费并获益的数量……（p.325）如果在节省过程中，资本家所失完全是劳动者的所得，则对财富增长的阻碍不过是暂时的，李嘉图如是说。其后果应予以关注。但是，如果收入向资本的转换被推得超出了某一点，则必定会减少对生产产品的有效需求，并因此而导致劳动阶层的失业。显然，如果俭省的习性超过了某一点，随之而来的必定首先是极度的窘迫，接着就是财富和人口的显著衰退。当然，不能说俭省，甚或暂时减少消费毫无价值，这样做常常极为有用，有时甚至为财富的增长所绝对必须。一个国家当然可能毁于奢靡；实际支出的减少可能不仅在这种情况下是必需的，甚至当国家资本短缺，无以满足对产品的需求时，就需要暂时实行消费的俭省，以便增加资本供应，而资本这一单一要素就可以有足够的力量满足未来的更大需求。唯一需要辨明的是，任何国家都不可能通过长期减少消费来积累资本而变得富有；……（p.326）认为在不断将收入转换为资本，而同时对这种资本的产品不存在充分需求的情况下，也可以持久增加财富，这种观点同样不能成立。这就如同在不存在对劳动力的需求，也没有增加维持劳动力的资金的情况下，仍然鼓励婚

> 姻和生儿育女一样，不能成立。(p.330)

因此，根据马尔萨斯的学说，当人民停止消费、节省资金用于投资，达到了由于这导致的价格下降、无利可图而使他们失去了进一步增加生产的动力的程度时，就会出现停滞。其他经济学家用消费不足解释危机，认为消费不足根本原因在于财富分配不均。西斯蒙第（Jean-Charles Léonard Simonde de Sismondi）(1773—1842）发展了这一理论的主要思想：

> 于是国家就会遭遇似乎失衡的各种危险：开支过多或过少，都会招致灭顶之灾。一个国家如果入不敷出就是开支过大，这必然侵蚀其资本，因而减少未来的生产。它这时的情形就如同一个农民吃掉了本该留作种子之用的玉米。当一国缺乏对外通商，又不能消费掉出口以外多余的产品时，其支出就过低了。诚如此，就会如同一个农民把谷仓填充得远远超出了可能的消费量，为了避免徒劳一场，他就不得不停止部分土地的耕种。[《政治经济学新原理或论财富同人口的关系》(*New Principles of Political Economy*)，第二卷，第六章，第105页]

但是，操控资本主义经济的各种机制，很快就会把消费不足转化为一场生产过剩的危机。收入分配不均，形成了资本家相对其消费需求而言过大的购买力，以及工人相对其购买力来说过大的消费需求。于是，生产过剩的危机就取决于资本家如何使用他们无法消费掉的那部分收入。他们把收入积攒起来，将其用于生产，以便使自己得到更多的收入。把这些资金投资于生产要素，造成生产相对于消费的过剩，到了一定程度，扩张的积累过程就会戛然而止。这一理论为许多盎格鲁-萨克逊经济学家所接受，它对继往对消费的谴责，进行了一个重要的细微校正，因为这一理论认为如果消费平均分布，就可以在经济进程中起到重要作用。

西斯蒙第对信贷持负面看法，不是因为信贷完成的功能，即"把属于一个人的资金的支配权转移给另一个人"，而是因为其使用目的。他对消费信贷本身未加分析，也不反对有适当担保的汇票。但是，他攻击现代银行信贷，认为它助长投机泡沫，加重危机。他也反对政府借贷："信贷出卖了工作，或者说我们的后代在工作中的份额，以及我们后代的后代，直至n代的份额……一旦有钱有势之辈发现了获得和利用这些非分之财的办法，他们很可能就不会住手了。"（V. Ⅱ，p.318，1980）如果有选择的可能，他会赞成一家国家银行垄断经营，但出于更为实际的考虑，他呼吁放开利率，因为这是防止弊端的唯一有效途径。

> 许多立法者力图降低利率，或是限定利率，或者干脆压制利率，这些做法实属荒诞无稽。压制或禁止利率的各种企图以（反）高利贷为名义，其实总体来说是宗教偏见的结果，是要把犹太法则套用在现代欧洲的疯狂之举。这些法律与普遍利益背道而驰，其结果要么是迫使贷方转入地下并因此而要求得到更高的回报，或把这变成毫无戒心之辈的陷阱；要么迫使资本家将资本转移到外国，在那里利用在其故里无

> 法贷出的资本，获利并安然无恙。固定利率属愚蠢之举，因为资本产生的利润视市场需求而变，因此使用资本的费用也必然随需求和利润而变化。(《政治经济学新原理》(*New Principles*),第4卷,第6章,第295页)

卡尔·马克思是另一个与萨伊相左的经济学家，但他对危机的分析更为复杂。他是在对经济制度演变的历史分析中涉及高利贷问题的。在他看来，高利贷促进了旧制度经济体的垮台和资本主义生产方式的取而代之。银行和现代的有息贷款是为新制度服务的。

对马克思来说,资本主义前经济体的高利贷具有双重作用:

> 在这个意义上,高利贷有双重作用:第一,它囊括了独立的货币财产,与商人阶层并存;第二,它把劳动的先决条件占为己有,也就是说,使旧劳动条件的所有者破产,因此,它对产业资本的形成条件是一个有力的杠杆……(p.716)信用系统的发展是对高利贷的一种对抗反应……总的来说，现代信用系统的有息资本，适应的是资本主义生产模式的条件……吸干小生产者生命的高利贷，与吸干富有大地主的高利贷并行不悖……在这种形式的利息下,生产者必要生存收入(后来成为工资的那部分)之外的所有盈余，都会被高利贷(这在后来以利润和地租为形式)吞噬。因此，把这种除国家有权分享的那部分之外的所有剩余价值都吸纳了的利息水平，和最多仅支付剩余价值一部分的现代利息水平相提并论，是非常荒唐

的……更为不合理和无意义的，是把用于个人消费的房屋出租等都硬拉进这一讨论之中。工人阶级被以这样或那样的方式极大地欺骗，是一个确凿的事实。 这是第二次剥削，与发生在生产过程本身中的第一次剥削平行存在。这种情况下，出售和放贷的差别是非物质的，仅仅是形式上的，对任何人来说都不可能是根本性的，除非他对这个问题的实际情况一无所知。(Vol.3, p.716)

马克思的立场模棱两可，因而也是非常有意思的。他给信贷赋予了现代的特点，把它与旧式的高利贷清楚地加以区分。他几乎不重视消费信贷，也不把它与消费本身加以区分，认为这只是消费的一个方面，不过是技术细节而已。

首先出现消费信贷实例的19世纪，就这样怀着对消费信贷性质在理论上的犹疑结束了。尽管有息贷款用于投资和资金流动（折扣、供应方信贷等）已被完全接受，但是消费仍然未能除却意识形态上的犹疑，徘徊于西斯蒙第认为它是推动力和富兰克林在《穷理查历书》中断然拒绝的立场之间。至于消费信贷，它仍然处在社会和经济思想中不起眼的小角落里。

第二篇

当代社会中的消费信贷：实践和教条

直到19世纪，消费信贷一直被视为社会运转的阴暗面。它多多少少地受到禁止，又多多少少地被利用着，因为它多多少少还是必要的。它为人不齿，在很大程度上取决于其他形式的信贷。就这样，消费信贷形成了自身模糊而断断续续的历史。自19世纪之后，特别是在20世纪，消费信贷开始逐渐自成一体，独立存在。它起初采取的是旧模式，例如在法国和英国的情形，但到了1850年，消费信贷在美国采取了真正革命性的形式，通过分期付款（租购）销售为新移民的安家之需提供资金。

自那时起，消费信贷就成为了美国人、继而是欧洲人改善生活水准最重要的手段。它还间接地起到了稳定这些国家工业发展的作用。无论缝纫机还是汽车，无论电冰箱还是电视，西方的生活水准是无法与分期付款销售相分离的。在这个意义上，消费信贷是最能促成社会融合的唯一要素。美国的例子尽管一些欧洲人认为有些过分，但却给愿意进行深入探究的人送上了有益的一课。几个世纪以来，与消费信贷最为接近的莫过于放债者，他们成了穷困人家的救命稻草。美国把这种行当转化成了积极的东西。分期付款的要旨不是为了消解一个困难甚或当前的窘迫，而是用新鲜的家用电器，引导消费者面向未来。

19世纪的日常生活史，全部浓缩在法国济贫当铺的失败和美国分期付款销售的成功之间的强烈反差中：前者是虚假的公共慈善，后者则是通过拥有消费品而获得社会地位。正是出于这个原因，消费信贷在美国较早实现了合法化。1804年法国在《民法法典》（*Code Civil*）中规定信贷合法，这成为具有长期象征意义的里程碑。但要使一种社会行为合法化，就必须搞清其各个方面，必须以民主方式进行讨论，听取所有相关方的意见：消费者、贷方和政府当局。美国的大辩论包括了从1908年罗素·萨哲基金会（Russle Sage Foundation）的建立到1968年消费信贷保护法的各种问题，构成了消费信贷实现社会合法化最为不同凡响的历程。

与美国的例子相比较，无论英国在1974年消费信贷法（特别是“克罗德报告”）颁布前的辩论，还是法国对1978年史利维内法律（Scrivener Law）、特别是对1989年尼埃兹法的讨论，都显得苍白无力。尽管如此，乌托邦式的用户至上主义与务实的专业主义之间的艰难磨合，还是产生了第一次真正的合法化，当然这一结果无疑比美国的要脆弱许多。

本书第二部分将通过考察实践、产品和法规，来研究合法化的历史。这自然而然会将我们引向当今的一个烦心话题：我们是不是借债过多了？对这一问题的回答（甚至是几种回答）显然构成了合法化漫长进程的一部分。

第八章　美国之路

“社会学家对殷实的消费社会的一个方面几乎完全忽视了，这就是它在多大程度上安身立命于消费信贷的制度之上”，专门研究消费信贷的美国大学教授大卫·卡普罗维茨如此写道（1969, p.641）。本章讨论美国的消费信贷方式，而这句话正是这一主题再好不过的引言。

源　头

消费信贷最早的形式通常与零售联系在一起。征服西部和南部后，交通运输贯通全美，流动更为便捷，零售也随之大幅增长。在这种情况下，放贷者主要是商贾，特别是流动商（Nugent, 1939）。

当时的美国乃至整个欧洲，农业地区购买马匹、车辆、马具、家什或种子，一半付现金，另一半打欠条，两三个月后或收获后偿清，是司空见惯的做法。非耐用消费品往往以现金支付，但有时也可赊账。这种直截了当的信贷交易极为随便，既无作为债务证据的契约，也不收取信贷服务的费用。这种系统非常类似于法国农村面包师傅在木棍上刻以记号，记录顾主欠款的做法。顾主一旦手头有了钱就会结账。在这样的农村社会中，信贷被视为为生产者提供的一种便利，他们的收入是季节性的，一旦收获就会还债。传统上，有债不还的情况很少出现。顾主们适时还债，既是为了保住赊欠的特权，也是为了维护个人尊严，因为在19世纪初的美国新教社会中，还债是美德，无力偿还则是道德败坏。在这个意义上，这一系统与法国农村社会的做法几无二致。唯一的区别可能在于人们的态度：美国农民是自由人、开拓者，没有半附庸关系的约束，而法国农民则受制于其债主，也就是土地的所有者。因此，美国人对信贷抱着更为开明的态度，认为它只是周济家庭和农耕之需的一种办法。

在如此优越的环境中，消费信贷在一个没有银行或放债者的市场中，借助批发商向零售商提供的信贷而发展起来。疆土越是向西部拓展，这些流动商人就越发成为连接边疆和已经发展为这种辅助交易中心的芝加哥之间的生命线。于是，奔向西部的年轻夫妻的简陋小屋就和密执安湖畔的商业机构紧密地联系在一起了。直到今天，芝加哥仍然拥有全美最大的邮购网络，并且是各大信贷专业公司的所在地。这座风之城因为其为西部移民供资的历史仍然有所作为。它是现代消费信贷的象征之都。铁路的延伸和西部的开拓，为现代消费信贷带来了第一线曙光。

从1800年到美国内战期间，信贷不断发展，花样翻新，但是收账却越来越难，因为大量涌入的欧洲移民感受不到社会压力的约束，而欠债坐牢又已经被废止了。尽管如此，赊账式的小额贷款仍然为大部分必需品的供应商广为使用。在城市里，工资通常每三个月或六个月一付，雇主就在内部商店中向雇员提供此类信贷。

工薪群体开始通过借贷购买耐用消费品时，就需要另一种办法了，即租售。其原理就是把购买的物品作为贷款的担保。借款人签约定期支付一定款项，而这笔款项就被视为使用这一物品的租金。一般需要首期支付定金，款项全额支付之前，卖主仍然是物品的合法所有者。这一系统是非同寻常的创新之举。

胜家缝纫机公司（Singer Sewing Machine Company）约1850年开始以租售形式销售其产品。以分月付款换取家庭耐用消费品的做法，取得了立竿见影的成功。值得注意的是，我们的日常生活正是随着这一针对妇女的机器而发生了变化。1850年后，这一趋势扩大到其他耐用品，特别是文化产品的交易中。书籍、钢琴和其他乐器都开始以这种形式销售，但还款期短，首付金额高。租售形式的商业销售把利息包含在商品价格之中，因而避开了对高利贷的旧禁令。这些禁令从英国引入，但英国将其废止后，美国却仍在沿用。

南北战争后，这一羽翼尚未丰满的系统迅猛发展起来。它不再战战兢兢、如履薄冰。还款期延长，首付减少，租售的产品品种也越来越多。到1870年左右，东部大城市的家具生产商开始以租售形式进行销售。南北战争到20世纪20年代期间的大规模城市化，更是对这一趋势推波助澜。大量新移民的抵达和人口从乡村向城市的移动，是当时城市发展的主要因素。

家庭已经无须仅仅凭借自身的力量在这个新世界中求得生存。每个人都必须在竞争激烈的就业市场中找到立足之地，而生活费用的增长有时令人难以应付。乡土和民族的网络尽管仍然存在，但家庭和乡邻关系已经不那么紧密。城市化越是推进，就越难以依赖这种联系来应对不时之需（Hardy,1938）。在现代美国崛起的整个时期，消费信贷减轻了人们因为生活方式或社会网络的变化而遭遇的艰辛，成为了一个流动社会的工具。有了它，人们才得以实现——在单纯物质意义上的——移民梦。

现代消费信贷应时而生、应运而生。钱是城市工人唯一的购买手段。他们生产产品供应市场，以每月的工资为生，但却得不到必须提供担保的商业银行的贷款。在某些时期，特别是1896年到第一次世界大战期间，就像20世纪20年代的情形一样，信贷遇到了经济欣欣向荣的好时运。经济增长快、利率低、通胀低、挣钱容易的时期，按期付款自然不在话下。

尽管信贷的这一社会功能已经无可置疑，但它仍然背着坏名声。在欧洲，信贷因为意识形态、根本上是宗教原因而遭谴责，放贷者被等同于放高利贷，声名狼藉。但美国与欧洲不同，遭到指斥的是借债人，被认为是身无分文的失败者。当然，这种笼统的形象不过是对从富裕资产阶级到纽约码头新移民的社会权势等级的写照。信贷使当前的消费与当前的收入分离开来，因而模糊了社会阶层的界限。

1920年，社会氛围发生了变化。家庭储蓄减少，负债成了荣耀。成全了这一变化的，是租售普遍用于汽车的购买上。借债不再是贫穷的代称，为了购得一件奢侈品而借债也不再是草率的举动。这是伟大的信贷阶层的时代，他们被称为大制造商的“俘虏”，而通用汽车承兑公司和福特信贷公司则是这些大制造商的直接延伸。待到家电业的通用电气资本公司加入其行列之后，我们就看到了当时鼎立于这三大行业的世界级公司，我们也由此感受到20

世纪20年代对消费信贷史的影响力。信贷把那些穷人曾经不可及的商品带进了他们的生活，也因此而逐渐被认为是这个闻名天下的大熔炉最为有力的催化剂。这一领域道出了美国成功故事最为关键的一个因素。

此外，放贷销售的做法普遍成熟后，其发展也带来了积极的经济成果。它创造出一个巨大的市场，因而促进了大规模生产的发展，而这又带来的单位成本的大幅下降。20世纪美国经济的活力就来自于这种连动。耐用品唾手可得，改善了家庭的生活质量。20世纪20年代，美国家庭面对的问题已不再是如何购得生存必需品，而是如何提高生活水平，如何活得更为满意、更有保障。有些时候，信贷甚至有助于保持购买力，经济放缓时尤其如此（Hardy，1938）。

面对这些现象，美国经济学家很快认识到消费信贷是经济活动不可或缺的因素，看到了它对提高生活水平的重要意义。1972年，全国消费融资委员会（National Commission on Consumer Finance）的一份官方报告"强调了消费信贷业的规模之大和意义之重要，它不仅是我国庞大的工业机器运转的润滑剂，也是在我国实现和保持世界上最高生活水准的主要工具"。

由于从一开始就意识到消费信贷在美国社会中的重要作用，历届美国政府都为自己确立两项任务：规管消费信贷，打击非法市场和滥用信贷；研究对经济的正反两方面影响。从1920年至今，这种做法已经产生了大量高质量实证和理论成果。欧洲的情况则大相径庭，对这一领域的分析寥寥无几，而某些受到中世纪理论影响深重的思想仍然大行其道。

学术研究和政策法规的发展

美国具备与欧洲不同的心态。在美国，消费信贷从未染上意识形态偏见的污点。直到20世纪70年代中，它一直是许多著名学者以及政府机构开展的众多研究的主题，研究的重点放在消费信贷的社会和经济影响上。此后，对消费信贷的研究兴趣有所消减，但大学一直没有放弃，联邦储备银行也不时发表相关文章。但是，从20世纪初缓慢开始的规管趋势，不仅一直得以持续，甚至在近年还越发得到强化。

1900年前，如果雇员遇到不期而至的困难或是为了购买必需品而需要贷款时，依法提供小额个人贷款是得不偿失之举，因为高利贷禁令把这种贷款的利息限制在极低的水平。首先发放个人贷款的是典当行，做法类似有条件收购，而不是放债。个人银行贷款（personal bank loans）只保留给少数特殊的客户。这样的贷款数额小，利率是商业利率，因而利薄，只是还不懂得信贷为何物的中产阶层的偶然之举（Nugent，1939）。

在这种背景下，非法市场兴旺活跃。手头拮据的工人走投无路，只能找到高利贷者，忍受他们的血盆大口，以极高的利率举债。在1880到1920年间，高利贷成为犯罪集团油水颇丰的营生之一。近1900年时，每一个大城市都有收取巨额利息的非法金融公司。他们利用殴打、敲诈、诽谤和谋杀等犯罪手段，保证债款的归还。有时他们也使用欠条，欠条上的金额收取合法的最高利率，但是实际借出的（现金）债款却要少于欠条的金额。

边沁对此现象会欢喜不已。没有适当的法规，正当的机构就被排挤出了市场，因为他们依法办事就无利可图。唯一能够在市场中运作的，必须有办法用商业盈利弥补其金融盈利（例如租售商家抬高商品价格，典当行压低典当品的价值）。但最为重要的，还是需要的存在，导致了在这种情况下的非法交易。这一时代的特点就像禁贷的时代一样：规管苛刻，阳奉阴违。在禁贷的时代，黑手党填补了法律造成的真空。他们发家致富，而法律本应保护的人却因此受害。

1909年，有些州在道义上感到于心不安，于是授权开办信贷联盟。这种机构从加拿大引入新英格兰，其实是德国农业互助银行的翻版，其目的是吸引储蓄，向成员提供贷款。然而，和需求相比，信贷联盟不过杯水车薪（Nugent，1939）。

对消费信贷的研究也是首先起始于20世纪初。直到20世纪20年代，研究关注的都是城市工人在适应19世纪末的社会动荡过程中经历的困苦。罗素·萨哲基金会于1908年成立，它首先关注到受借债之苦的负债人所遇到的问题，着手对消费信贷进行了重要的研究工作。这是首次有人指出了以信贷为中心的消费主义（尽管这个词汇直到20世纪60年代末才发明出来，并带上了贬义）。

1916年，由于罗素·萨哲基金会的工作，统一小额贷款法终于得以起草。这部法律必须达到双重目的：提高小额贷款利率，明确某些索贷行为的非法性质。在此之前，这些行为由于没有相关法律规定而无法制裁，成为犯罪组织惯用的手段（Chapman & Shay，1967；Kawaja，1971；全国消费信贷委员会，1972）。

按照统一小额贷款法的规定，不足300美元的贷款，最高年利率上限为42%。当时这部法尚未成为联邦法律，但1916年后，许多州都实行和引入了自身的立法。在大多数情况下，这部法律的出台都必须顶住洁身自好的模范公民和地下债主的双重压力——这两个压力集团都对限制高利贷利息情有独钟！

1932年，这部法律得到修订，收紧了小额贷款行业的入行条件。申请人必须投入25 000美元的资金。监管部门有权审查申请人的品行和能力。最后，还必须证明这样一个新公司有利于所在城镇。这些条件的主要目的，是为了减少曾在萧条时期出现过的破坏性竞争。它们也标志着一定市场开放的结束，市场开始越来越依赖规管部门（Kawaja，1971）。几乎与此同时，许多州都降低了高利贷利息，而这被证明是一次失误。罗素·萨哲基金会的鲁道夫·纽金特（Rolf Nugent）的研究清楚地表明，此举之后，被授权机构发放的小额贷款寥寥无几，而高利贷的生意却同时大为增长。

如果说官方机构对个人贷款如是管理的话，租购形式的销售却不在其列。如果放贷者同时也是商品的销售者，而实际上也往往如此，那么高利贷法则不适用，这种信贷归属于有关销售的一般性法律。当局认为租售买主并非为得到现金而愿意接受任何条件的穷困潦倒之徒。在美国式的以竞争为基础的制度中，如果销售条件不合适，买方就不会成交。出于这些原因，家用设备市场并不适合也几乎不存在高利贷的运作。在新的法规不断清理个人信贷市场的同时，租购销售越来越普及。但是，对走马观花的旁观者尤其是欧洲人来说，当时的美国市场就是与高利贷斗争的市场，完全看不到大部分发放的贷款从未发生过问题。日常的租购销售既具备社会一体性，又有社会一体化的功能，但却成不了头条新闻。新闻关注的是不劳而获的高利贷吸血鬼。

我们发现30年后，对日本的信贷行为，欧洲人又旧戏重演。他们怀着清白的消费良心，只看到了“工薪理财公司”（Sarakin）的高利贷，却看不到这后面掩藏的事实：市场的主宰其实是信贩公司（Shinpan），即被禁止发放个人贷款的租购公司。由于竞争激烈，这些公司收取的信用利息与大银行的十分接近。

尽管关注市场的极端现象确实有用，但我们不能反而对基本的事实视而不见，即美国政治家完全了解地下高利贷的存在，并采取了针对性的立法措施。他们做得对！但是，80多年来，他们却从未想到对租购销售进行规管，因为一切平安无事。直到1935年才出现第一部有关租购的法律，其普遍实行更要等到20世纪50年代。

美国经过多年努力才建立起一套复杂的法律框架。尽管各州之间不尽相同，但这一框架都包括了解决具体问题、打击逐渐抬头的信用滥用和澄清借贷双方各种关系的法律体系。因此，这一立法既非联邦法律，也没有普遍实施，而是针对某一特定机构或合同而订立，仅适用于特定的消费类别。20世纪60年代初，市场较为单一，但立法却呈分隔的局面。

1968年的《消费信用保护法》（*Consumer Credit Protection Act*）是在信贷领域保护消费者的首部全面的联邦法。根据这部法律，全国消费信贷委员会建立起来。该委员会在经过深入调研后，于1972年12月向总统和国会提交了报告。报告得出结论，如果消费信贷市场存在真正的竞争，关于信贷的主要内容可以获得充分的信息，有消除高利率的法律作为后盾，那么这样的市场就可推动经济增长，扩大消费者的利益。委员会建议，针对信贷方的贷款和索款方式，增强对消费者的保护。

《消费信用保护法》首先以《诚实借贷法》(*Truth in Lending Act*)颁布，对向客户提供的信息做出了规定。该法指定联邦储备局作为负责制定金融服务领域中消费者保护细则的主要机构。1969年，储备局制定的"Z号条例"(Regulation Z)规定了实施该部法律的规则。此后，《消费信用保护法》又经多次修改，并得到其他立法的补充。主要的文本包括:《公平信贷报告法》(*Fair Credit Reporting Act*)(1970);《诚实租借法信用卡修正案》(*Credit Card Amendments to Truth in Lending*)(1970);《公平信用结账法》(*Fair Credit Billing Act*)(1974);《平等信用机会法》(*Equal Credit Opportunity Act*)；以及"B号条例"《消费租赁法》(*Regulation B*, *Consumer Leasing Acts*)(1976);《公平债务催收作业法》(*Fair Debt Collection Practice Act*)(1977);《电子资金转账法》(*Electronic Fund Transfer Act*)(1978)和"E号条例"，以及1984年通过修正案修订的《破产法》(*Bankruptcy Law*)。

20世纪70年代末，法规有所放宽。1980年的《储蓄机构解除管制和货币控制第六法案》(*Title VI of the Depository Institutions Deregulation and Monetary Control Act*)简化了《诚实借贷法》。这部法案不仅减少了金融专业化规定，逐渐取消了利息上限，而且放松了约束竞争的种种限制。此外，管制的放松有利于更为活跃的存款竞争，从而增加了可用于消费信贷的资金。1988年，《公平信用和贷记卡公开法》(*Fair Credit and Charge Card Disclosure Act*),更新了有关信用卡的条例。

世界上如此早地针对消费信贷制定如此繁多法律的国家,美国为绝无仅有。有些人认为,美国社会过分渲染信贷的好处,现在不得不走回头路。现实情况其实要简单得多。每一条法律都考虑到了当时在信用卡、租赁、电子转账等方面的政策变化,制定前都进行了欧洲人不知为何物的广泛公开辩论,这不仅表明了美国人日常生活的成熟民主制度,也显示出信贷作为社会要素的重要意义。

为保证此类立法工作的成功,毫无疑问需要大学层次的学术研究证明信贷的效用。在整个20世纪,消费信贷始终是美国经济思想的一个重要主题,而欧洲对此却往往不予重视。但是,要了解这一现象的真相,这种经济思想就必须纳入公共辩论之中。

美国社会的标志

1948至1965年间,美国的通货膨胀率极低(平均年通胀率为1.7%),但是消费信贷总额却以每年12.5%的速度增长。促成这一惊人发展的有几个社会经济因素。首先,战争年代家庭购买的耐用消费品极少,现在开始追赶。生育率在战后也开始回升,人口增加,并带动了家庭需求的增加。此外,年轻人的婚嫁时间出现提早的趋势。所有这种种原因带来了对耐用消费品需求的显著增长。

经济增长和家庭可支配收入的增加,对行为方式产生了影响。美国是大部分人口的收入支出大大超出温饱水平的第一个国家。

消费者的欲望提高，曾经被视为奢侈品的许多物品逐渐走入普通人家。希望拥有一处住所、在城郊富人区生活（更多的旅行、更好的影院、电视的引入等）的愿望，带来了对消费品需求的增长以及"争强比富"的社会压力。这就是世界其他地方梦想的美国，是好莱坞描绘的美国摩登社会。工商业的成功、消费社会的发展，使对待消费信贷的态度发生了积极变化。市场迎来的未曾经历过大萧条的新一代，他们为今天而活、靠信贷为生，因为他们不仅对未来抱着积极的态度，同时也有了赖以保障其生活较为平稳的各种保障，即失业救济、退休金计划以及后来的医疗保险。

第二次世界大战前，胜家缝纫机公司首先推出租购，汽车和家电制造商紧随其后。这对社会的融合产生了非同小可的影响。战后的这一阶段，也出现了耐用消费品带来社会地位迅速变化的类似现象。消费信贷——无论是老式的租购还是后来的新式信用卡，成为走向成功和美国中产阶级形成的重要手段。

出于同样的原因，工薪层构成的新中产的出现和企业家中产阶层的衰退，也带来了消费信贷的巨幅增长。企业家运作的世界危机四伏、动荡不安，被市场的沉浮左右。他们借债是为了生产而不是消费。只有成为巨富的人才能负担得起铺张消费的那份奢侈。

与此相反，工薪层构成的新中产为消费信贷提供了一个理想的市场。他们无法靠不动产界定自己的地位，于是在强大的社会压力下，转向购买那些成为中产阶层生活方式标志的消费品，甚至收入不甚丰厚者也感到了这种压力。除此之外，这一新中产阶层对自己的持续就业、因而收入稳定甚至增加的可能性有相当的把握，而这些正是信贷社会健康发展的必要条件（Caplowitz，1969）。

生活新概念开始出现。在传统社会中，正确的做法是先储蓄、后消费。美国人把这一模式倒转了过来：先买，然后节省，按月还债。信贷使人们得以避开收入的限制，因为收入往往在年轻时较低，到中年达到顶峰。信贷填补了年轻夫妇当前的物质需要与未来收入之间的脱节。显然，这种设想只适用于家庭收入呈上升趋势的情况。年龄—收入曲线或类似二战之后的总体收入提高，都可以保证家庭收入的增加。

在20世纪50年代后半期至20世纪70年代之间，消费信贷继续增长，但增幅有所下降。结婚人数减少，已经装备齐全的家庭大多只是以新换旧。20世纪60年代后半期，越南战争消耗巨大，社会福利计划增加，而税率直到1968年才开始调高，致使通胀加重。家庭不能适应这种价格的上扬，于是采取了减少借债的应对办法。到1969年为止，限制性货币政策迫使信贷按配额发放，少借债的趋势进一步增强。放贷机构的筹资成本大幅提高，而高利贷利息上限却维持不变。

20世纪70年代中期，信贷开始复苏，并一直持续到1990年。20世纪70年代，生育高峰期出生的一代人开始进入市场。他们如同自己的父辈，深信储蓄的最佳形式莫过于先贷款后还债。首先是住房抵押贷款，当然也有购车或其他耐用品的贷款。对持续通货膨胀的预期，助长了信贷购物。此外，市场上出现了新的金融产品，信用卡的使用已经普及。也正是在同一时期，一些事件引发了金融开放和竞争的白热化。

从20世纪60年代开始，中央银行为了打击通货膨胀，反复采用了限制性货币政策，导致货币市场利息迅速抬高。在这些紧缩时期，受到法律规管的存款收益仍然维持在低水平。接着，出现了非居间化现象，即绕过银行，直接将本打算储存的资金直接用于证券投资。由于储户寻求获利更高的投资，储蓄或信贷银行这些只许以自身吸收到的款项发放贷款的机构，遇到了储蓄枯竭的困境，不得不严格实行信贷额度（Gelpi，1987）。为了避免重蹈“信贷收缩”的局面，避免由此引起的全球性经济问题，当局大力放开利率，在法律上认可新产品，允许储蓄收益浮动到接近货币市场的利润水平（Wojnilower，1980）。这些措施集中反映在两条立法上：1980年3月的《储蓄机构解除管制和货币控制法》，以及1982年12月的《加恩-圣杰曼存款机构法》（*Garn-Saint Germain Depository Institutions Act*）。

20世纪80年代的金融创新和改革移除了信贷发放的诸多障碍：（1）撤销了限定最高存款利息的储蓄；（2）对贷款利息规定上限，减少金融机构的利润。市场出现条块分割，金融机构只要入可敷出，就总能够找到资金，只是有时代价稍高而已。有些机构还扩展了其信贷活动的范围。因此，解除管制减少了专业化，加剧了竞争。货币管制不再以信贷配额为手段，而是依靠高利率对需求的抑制作用。到1986年为止，由于支付的利息一直可以减税，这些措施对消费信贷影响甚微。

于是，消费信贷在20世纪80年代除了1980—1982年的经济衰退之外，继续迅猛发展，尽管社会经济环境已不同于20世纪70年代。它不仅得益于金融竞争的加剧和信用卡使用的发展，同时也得益于20世纪80年代早期借贷利率暂时高涨后开始回落的天时。20世纪80年代后半期，信贷继续增长。这要归功于住房贷款。

由于消费信贷和抵押贷款之间不再存在界限,因此还款期更长,人们可以使用抵押担保获得贷款来装备家庭。但最为重要的是，住房贷款使人们可以继续享受到不动产贷款提供的资金实惠。

但是，在一个负债社会中，江山易变：婚变、失业或由于计划不周而债台高筑，都可能造成拖欠。这种现象的发生率几乎没有升高,因为借债多的家庭也往往收入高,拥有可兑现的资产，一旦需要,就有能力偿还债务。

消费信贷、增长和经济沉浮

出现个别非同寻常的特殊情况在所难免，但对一个社会来说，关键是要搞清楚消费信贷在经济上是不是一种健康的行为。许多美国学者很久前就已提出了这个问题，并很快指出了消费信贷刺激经济增长的作用。

20世纪50年代游学欧洲的美国经济学家，发现那里几乎完全不存在消费信贷。到美国考察生产的欧洲企业家团体也得出了同样的结论。有专家称，这部分说明了欧美生活水平存在差异的原因。的确,租购销售有助于生活水平的提高,它促进了新兴大规模消费产业的诞生和发展,创造了几百万个就业机会,降低了耐用消费品的称产成本，提高了产品质量。消费信贷还起到了激励工薪阶层更为勤奋地工作,以便增加收入,提高生活水平的作用。一个法国访问团甚至说：

在美国,上班的人享受和使用消费信贷,在工作中找到了尽最大可能改善自身地位的动力（Phelps,1954）。

在几年后的1965年,联邦储备系统的董事局强调说:

> 因此，消费信贷是商品和服务流向最终消费的重要供资手段，是关系到经济活动水平的因素。在经济活动长期总体增长的时期,发放信贷用以购买消费品补充了当时的购买力，而这又往往可以刺激生产和就业。但是，在经济活动高涨时期通过消费信贷持续增加消费者购买力的做法，只有在信贷条件审慎、信贷的增长不会造成货币的过度膨胀、新生购买力产生的同时商品供应增加且价格相对稳定的情况下，才是合理的（Chapman and Shay,1967,p.3）。

如果我们思考一下就可以看到，这些总体上的好处似乎更为有力地保障了家庭消费的灵活性：支出计划可以更为灵活，开始出现制定家庭耐用品预算，讲究生活方式等概念。举一个简单的例子：与工业革命初期不同的是，年轻的夫妻无须再在先生儿育女还是改善生活条件之间进行取舍选择。需要什么物品可以即刻购买,而不必考虑是否有可以调动的头寸。有时候,借债比使用自己的资金甚至更为可取。这就是美国经济学家和社会学家通过观察得出的结论,而这些结论对家庭安排预算来说极为简单,又极具创新性。此外,租购销售使最为穷困的家庭也能够进入消费社会,从而打下逐步改善社会的基础,这也是不争的历史事实。

消费信贷在美国从未被视为一种不得已的罪孽,而在欧洲,甚至官方机构都把它比喻为娼妓！但是，消费信贷的迅猛发展也曾引起许多严重的忧虑。人们担心它可能成为经济循环的放大器。有人认为，消费信贷在繁荣时期助长过度支出，在衰退时期加重萧条，因为负债的家庭为了还债不得不紧缩消费。美国经济学家在这个问题上著述甚丰。他们认为，从20世纪30年代的大萧条开始，消费信贷在最初的经济崩溃和后来的演进中作用甚微，但经济的跌落却对信贷市场产生了重大影响。

从1929年开始一直持续到1937年的大萧条是一场国际性危机，对美国和德国的影响尤其严重。萧条的起因很多：经过一段超快增长期后，难以找到可行的投资机会；收入的增加赶不上生产的增长，形成消费不足；股票市场投机猖獗，等等（Lewis，1963）。到1926年底，四大经济强国——美国、英国、法国和德国重新回到金本位制。于是，各中央银行不得不保持充足的黄金储备，以保证其法定货币与其他货币的固定兑换承诺（Gelpi，1982）。然而，这种极为僵硬的体系却是建立在极为脆弱的基础之上，因为国际货币交换实际上是不稳定的，金融市场上的竞争增加了国际短期贷款，而这些短期贷款又被拴死在长期投资中，或被用于股市投机。

德国为了支付战争赔款和筹集投资资金，不得不大举借债。这迫使政府采取高利率政策以便吸引外国资本。英镑仍然是一种主要货币，但英国的经济实力和黄金储备的不足，英镑无法发挥其作用。1926年7月普恩加莱稳定法之后，流动资本从伦敦转移到巴黎，情况进一步恶化。尽管有这些资本的流入，法国继续实行限制性货币政策。1927年5月，法国把其英镑储备转换为黄金，进一步加重了英格兰银行的困境。

1927年夏,美国联邦储备系统降低利率,向英国伸出援手。出乎意料的是,这一举动成为股票市场投机行为的开始信号,经济开始出现最初的衰退迹象(Yeager,1976)。投机资本的4/5来自信贷,紧追上升的股价,完全脱离了红利的增长。形成信贷金字塔基础的资金部分来自海外资本。货币当局当然不希望助长股市投机行为,但是也不希望经济困难特别是农业问题进一步恶化,于是抛售了大量黄金和白银储备。他们采取的顺应政策,延缓了华尔街大崩溃的到来。但是,主要欧洲国家紧缩性经济政策中断了资金向美国的流动,危机终于在所难免。1929年8月6日,美联储把贴现率提高到6%,但股票价格不为所动。与此相反,9月欧洲利率的提高造成外国资本撤出美国,经纪人可以获得的信贷减少。由于缺乏继续购进所需的信贷,股价跌落,原本使股价上扬的放大器机制此时却让股价一路狂泻(Gelpi,1982)。

华尔街股市的崩溃终止了国际资本流动(Morsel,1977),人心大挫,暴露出各国经济的薄弱环节,引发了螺旋式下降的衰退过程。在美国,1929年到1933年间,消费价格下跌了24%;与此同时,以固定美元计算的国内生产总值减少了30%,直到十年之后才恢复到1929年的水平。失业率从1929年的3.2%上升到1933年的25%。名义国民收入在四年之内下降了53%,繁荣时代积累下来的债务变成了沉重的负担,许多借债人都无力偿还。1929年年底到1933年,由于储户的挤兑、证券组合投资的贬值和客户的资不抵债,5 000多家银行破产。银行体系因此受到威胁,通货紧缩更为严重,货币体系遭到大面积破坏。1930年名义收入的减少进一步加深了这一趋势。

大部分相关研究都表明，消费信贷的周期性行为对大萧条的内在逻辑影响甚小。相反，经济的急剧衰退却对消费信贷的发展产生了严重影响。市场发展曲线的急转直下与1929年10月的股市崩溃恰好吻合。金融机构储蓄短缺，不得不无情地削减信贷。接着，失业增长，工资下降，借债人难以还款，这成为金融机构萧条的主要原因，许多人的财物被银行收缴，汽车和家具销售行业的情况尤其如此。不稳定和对未来的担忧成为消费者心上的重负。从1929年12月到1933年12月，消费信贷下降了50%，占家庭可支配收入的比例从4.25%减少到3.5%。需求崩溃，债务的拖欠与日俱增。简而言之，经济危机正在导致最为严峻的社会危机，最为脆弱的家庭也是负担最重的社会群体，这不是因为他们借了债，而是因为他们失去了收入来源。

1955年的一些事件尽管影响力不及大萧条，但同样证明了消费信贷往往被与其他东西混为一谈。当时消费信贷余额上涨了近20%。其结果，当局认为必须采取措施予以控制，并决定在1956年为此召开会议。会议审议的结果多达数卷（联邦储备银行董事局，1957）。会议的巨大成功表明了这一问题在美国的重要性。各方人士、各种学派竞相争鸣，反映出全国上下对消费信贷社会和经济功能的认识。会议几乎毫无意识形态的分歧，充满务实精神。有些专家担心，消费信贷的大幅增长可能引发汽车和其他耐用消费品的生产过剩，这势必导致这些部门采取收缩措施，并进而殃及经济的其他部门。他们提出是否应该更为理智地增加信贷，使之符合经济有序增长的需要。专家们还讨论了为达到这个目的应采取的具体货币政策措施。

专家们的担心最终没有成为现实：尽管信贷持续强劲增长，那一时期的债务却从未达到过高的水平。有时，家庭可以在使用一种服务或购买提供这种服务的物品之间进行选择，例如，要么购买洗衣机，要么利用洗衣房的服务。以重复购买服务替代依靠信贷购买物品，不一定增加家庭开支，也不一定降低其借债能力。因此，决定偿债能力并进而影响到一笔贷款的运行成败的，既有债务的成本本身，也有未来收入变化的因素。当然，以未来收入满足当前需要的条件，必须是未来收入不断提高或至少维持已有的实际水平。收入可能总体增长（包括债务成本降低的因素在内，这是当时欧洲经济通货膨胀中常有的现象，但在美国则不尽如此），也可能单项增加，例如作为成功之路标志的工资增长。

靠信贷为生的社会需要增长，而最需要的则是未来就业的保证。但是，这两点都可能受到威胁。经济状况恶化时，以往的美好计划才能暴露出弊端。所有的研究都认为，衰退对偿债的影响更为致命，它使还旧债比偿还因衰退而减少的新债更为艰难。因此，消费信贷可能加快生产消费周期，但从来也未构成过经济下跌的原动力。

美国是世界上历史最长、也是最为发达的现代消费信贷市场。因此，美国人对信贷也具有更为强烈的社会意识，在那里进行的信贷研究为数最多，成果也往往最为优秀。出于这些原因，美国可以提供有关信贷全貌的最佳信息。信贷专业人员都从美国那里找寻新想法、新举措。无论欧洲还是日本，从租购销售到循环信贷的各种使用方式，包括加权记分法和各种索债办法的种种创新，都是从美国引进的。

消费者协会和政府部门也以美国为榜样。消费主义概念本身就是美国的发明。美国消费主义颇可以给欧洲的信奉者上几堂有关实证和实务的课，因为欧洲人往往刚刚尝到甜头便高兴得忘乎所以。其结果，他们更多地把美国的模式视为避之不及。由美国引发的种种不快的联想可以用“太多”两个字一言以蔽，美国家庭负债率之高（年达到可支配收入的17%–20%）被幸灾乐祸地指责为恶习盛行、罪孽泛滥的原因！等我们达到美国的水平也会大难临头——这似乎已成为欧洲消费者协会和消费规管部门一致的默契。信贷简直成了避之不及的魔鬼！与此同时，也正是这些人在不遗余力地从美国引进美国消费主义的经验！这难道不正是新、老世界斩不断的爱恨交加的联系的最佳范例吗？

但是，我们可以抱着成熟的态度，不偏不倚地说，美国家庭负债率首先表明的是，消费信贷普遍存在于整个社会的各个阶层，而不像在欧洲，与社会阶层联系紧密。其次，它也显示出日常的小笔信贷在社会融合和建立共识方面可以起到的重要作用。欧洲人倾向于认为是经济体制弊端的东西，其实正是现代开放社会的标志。休斯敦或凤凰城的低收入体力劳动者如今可以为购买自己的第一个流动车房而申请贷款，就是这一制度合理性的证明。无论从其社会作用还是经济功能来看，消费信贷都是美国成功故事的原动力之一。

日本案例

我们在美国之后紧接着谈日本，其原因不难理解，因为日本是其独特历史传统和高度美国影响的结合体。就消费信贷的道德基础而言，日本文化与欧美文化当然存在着巨大差异。在后者，《圣经》教义仍然或多或少地影响着某些判断，而在前者乃至整个亚洲来说，高利贷从未引发过思想或宗教的争论。例如，按照婆罗门的传统，被但丁打入第七层炼狱的有息借贷却被视为增加财富的七大合理手段之一。7—10世纪中国唐代的佛教鼎盛期，正值修道院济贫当铺出现的历史阶段。这样的机构（在中国）在毫无社会指责的情况下，一直持续发展到20世纪初（Malamoud，1988）。

如此有利的思想环境，正是日本很早就出现了最初形式的信贷的原因。在中国唐朝后不久，“土仓”（Tsuchikura）就出现在11世纪奈良时期的日本。典当品一般是大米、农具或衣服，用来换取小笔预支款项。到了16世纪，当铺得到募金的补充，这些通常都是由寺院主持的互助协会，发放比当铺期限更长的债款，为购买农具、甚至于手工业者的工具提供资金。19世纪时，这些募金成为建立至今仍在日本举足轻重的各大互助银行的基础（Yajima et al.，1992）。

另一种古老的放贷形式是“船上叫卖”（wanbune）。这些小贩出售瓷器、漆器、榻榻米或蚊帐等商品，换取以大米收成为支付手段的季节性付款。

到19世纪末，日本人的意识中已存在两种主要信贷形式：一方面是募金和当铺发放的贷款，另一方面是够买贩售船所售商品的赊买。日本市场这种可能是最为显著的划分，历经近期无数企图消除这种差别的努力，至今仍然存在，也是当今信贷从业人员结构的根本依据。个人贷款由大藏省管辖，而实物贷款则属大名鼎鼎的通商产业省管理。机构的设置及其向客户提供的产品，都严格按其类别一一规定。

信贷行业的任何创新都会上报给两个省中的其中一个。这种状况自首次出现现代形式的消费信贷以来就一直维持，直至今日。1901年胜家缝纫机在日本市场推出其产品时，就有了非常近似租购销售的做法。1928年与1930年福特和通用两大汽车公司依照美国的模式建立了金融协会，以便促进产品的销售。所有这些措施都归属在通商产业省管辖之下，换言之，它们都属于信贩（shinpan）（即信贷销售的意思）。

美国的影响在稍后属于大藏省管辖的私人贷款部门也有所体现。1953年，根据新法设立了工薪理财公司（salakin）（即salaryman kinyu的简称，意思是“工薪金融”）。这个系统代替了“kori-kashi”（高利息）这一19世纪明治时期始创的旧制度。小型地方借贷机构因此蓬勃发展，其运作几乎不受管束（Cobbi，1988）。新的工薪理财制度直接照搬了美国当时存在的债务整合模式，意在通过把高利贷利息限制在109.5%以下，使信贷业更讲道德（Yajima et al.，1992）！

与此同时，信贩不断发展，在各个方面充分扩展了美国的模式。自20世纪50年代末以来，除汽车和家电的租购外，信用卡也越来越普遍，在大型百货商店尤其如此，利率视再融资条件的不同而稍有参差，但从未超过30%，基本处于贴现率以上几个点的水平。信贩得益于良好的公众形象，加之与家庭设施借贷相联系的社会功用，因此发展极为迅猛，在20世纪60年代取得优势地位，获得了43%的市场份额，仅仅落后于市场份额达48%的互助银行。其中，日本信贩和东方金融（Orient Finance）这两家在两次世界大战之间建立的机构独占鳌头，占领了此类市场20%的份额。

但是，对日本政府当局和消费者影响最大的，却是仅占市场7%份额的工薪理财公司现象。20世纪60年代的增长期和宽泛的规管，使工薪理财公司可以放手经营高利贷，从而迅速兴旺起来。到1983年，工薪理财公司已经发展到97 000家。控制工薪理财公司的往往是黑社会（yakusa），大部分工薪理财公司只发放期限极短的现金贷款，以应各种还债之需，甚至最不能令人接受的赌债也不拒之门外。有了这样的营生，索债的手段只能心狠手辣！针对工薪理财公司引起的自杀事件不断增加（占1982年日本自杀总数的5%，Cobbi，1988）而开展的一项大规模民意调查，促使日本采取渐进政策修订法定最高利率，并对索债手段采取了一系列禁止措施。今天，工薪理财公司增长迅速。其数目在减少，但业务手段越来越正当。其利率仍然偏高（1991年最高达到40%），但不应忘记贷款数额小、期限短。有些工薪理财公司，特别是占此类市场一半以上的四大会社，已经在提供高质量的服务。

著名的“日元商店”（yenshop）结合了便捷和高度计算机化的优势，通过自动提款机，提供循环贷款，利率与大型百货商店信用卡相当。

就这样，仅仅比美国落后几年的日本，走过了自己通往高科技和符合道德的消费信贷的过程。家庭负债率（在1990年）仅占家庭收入的20%多，与美国的水平相当。除个别工薪理财公司确实经营的是高利贷，被媒体大肆曝光外，这一负债率尽管在世界上名列前茅（1992年为16%），但却完全适应高储蓄率的状况，表明了日本社会的高度发达。

第九章　欧洲之路

法国的济贫当铺:“我的姑妈”

法国的第一家济贫当铺1577年在阿维尼翁设立。当时这块采邑是属于教皇的领地，济贫当铺受到佛罗伦萨模式的极大影响。1607年，巴特洛美·马苏莱尔（Barthlomé Masurel）在里尔开办了第一家无息贷款机构；1637年，特奥弗拉斯特·雷诺多（Théophraste Renaudot）在巴黎开办典当行，以3%的利息借贷，但很快就被议会勒令关闭，理由是信贷会对商业道德产生灾难性的影响。1684年，翁热市的济贫当铺以善款为资本建立起来。1688年，马赛也出现了同样的情况。这一切标志着信贷发展第一阶段的开始。

马苏莱尔的机构开张后不久，西属尼德兰政府就鼓励在尼德兰地区设立济贫当铺。这些稍后设立的机构具有双重职能：它们具有极大的特权，拥有专营典当的权力；同时它们也是可信的金融机构，通过发放永久贷款，获取借贷业务所需资金。这项服务的发明者——工程师温彻拉斯·克伯格尔（Wenceslas Cobergher）在设计这项业务时，就力求保证只有最穷困的人才有资格得到无息贷款（Claveau, 1876）。

1626年2月，法国颁布旨在使济贫当铺合法化的法令，但却没有引起任何反响。直到1777年，路易十六才颁布诏令建立了巴黎的济贫当铺，“缓解本王臣民的用度，助商贾免遭财产没收之辱”。巴黎的当铺第一年发放贷款128 000笔。尽管入选标准极为苛刻，但仍有大批人获准，反映出当时人民的需求之大。大革命时期，所有济贫当铺均遭关闭，典当商被宣布为合法，但这种状况没有维持多久。勒尼奥伯爵（Regnault de Saint-Jean d'Angély）为了“抗争连孩童的小床也会吞噬的借贷无底洞”，说服拿破仑恢复了必须得到行政法院（Le Conseil d'Etat）授权方可开设济贫当铺的规定。根据拿破仑一世的命令，巴黎的总部机构设立。这项命令随《民法典》接踵而来，对意大利济贫当铺的概念进行了创新。几年后，米兰的机构也按照这一创新概念建立起来。“拿破仑当铺”（mont-de-napoleon）从佛罗伦萨方济各的原型中脱胎出来，在近一个世纪的时间内一直独领风骚，成为南欧所有走向现代化国家的楷模。在米兰，“拿破仑当铺”还成为了该市著名的豪华大街的街名。

1804年2月6日，一项范围更为宽泛的法律颁布，把独家典当经营权授予个别获得授权的机构，以防高利贷。该法规定，借贷机构只能在完全为穷人服务并得到政府授权的情况下方准许设立；任何未经授权的机构应停止抵押借贷并立即清算。在巴黎和所有其他号称设有济贫当铺的城市，总部机构垄断了所有的典当经营活动，至少理论上如此。但是，它必须将利润全部上缴福利机构（Caisse de l' Administration Générale de l'Assistance Publique）。

1851年6月24日颁布了针对其他济贫当铺的较为宽松的法

律，规定这些济贫当铺须将多余收入缴纳给医院基金，但可以首先扣除其行政管理费用；允许它们以5% 的利率放贷。有些借贷机构，如麦茨、阿维尼翁和南锡的机构，开始与储蓄银行联合经营（Raiga，1912）。

对普通民众来说，慈善、社会救助和贫困是家常便饭，常言说得好："不要借钱给穷光蛋"！需要借钱的通常都是那些有一时之需的穷人或小康之家，而济贫当铺的建立正是为了解救这种需要。失业的劳工、惨遭事故或生意不景气的工匠、资不抵债或是需要小笔资金做成一笔生意但又得不到银行贷款的商人、被疾病或不期而至的灾祸耗尽了积蓄的工薪层（Raiga，1912）——凡此种种都是在济贫当铺的档案中可以找到的借债人。至此，信贷主要是为处在暂时危机中的普通人提供的一种道德援助。这些人除了工具、家什、首饰、铺盖和衣服外，再无其他可抵押的，按当时的说法，他们"给钉牢了"，就像当时济贫当铺普遍采用的储藏方式一样。这种说法也表达了当时使用这一服务人被盘剥殆尽的惨况。

他们也可以选择求助于当地的放债者，尽管利息高，但无须抵押。借贷的过程形同一种社会受难。我们只要看一眼巴尔扎克作品中的描述，就可以知道信贷就意味着耻辱。高布赛克的形象正是历史上各种形象的结晶：

> 想象一下：那张脸苍白，毫无血色，希望法兰西学院同意我把这张脸形容成月亮的惨白，看上去就像失去了光彩的银器。我说的这个放高利贷的，头发暗黄色，梳得平平的，一丝不乱。他的五官就像塔利郎，面无表情，如同铁铸成的一般。

一双黄黄的小眼睛，好似黄鼠狼，几乎没有睫毛，好像还怕光，幸亏有顶旧帽子的帽檐遮光。他的鼻子不仅尖，而且布满麻点，活像一把螺丝钻。他的两片嘴唇薄薄的，好比伦勃朗或梅兹画中的小老头或是炼金术士。他说起话来，声音不大，语气柔和，从不上火。他的年龄倒是个问题了，很难说他到底是未老先衰呢，还是他对青春吝惜的不得了，可以让他常青不老。

他房间的所有家什既干净又寒酸，从绿色的桌布到床边的地毯，无不让人想起成天擦擦这儿、抹抹那儿的老姑娘的闺房。冬天里，炉子里的炭火埋在堆成尖的灰烬下，只冒烟，不出火苗。从早晨起床到晚上阵阵咳嗽，他的一举一动就像时钟一样精准，如果他是个机器人，睡眠就是他在上发条。要是用手碰一下在纸上爬动的甲壳虫，虫子会停下来装死。这个人也一样，如果正说着话时有辆马车驶过，他就会停住口，免得伤了嗓子。他仿效冯特奈拉，尽量减少生命的运动，把七情六欲都集中在一个“我”字上。于是，他的生命就这样悄无声息地度过，如同时间在古老的沙漏中悄悄流过。有的时候，吃了他亏的人也会恼羞成怒，大吵大闹，不过接下来等着他们的总是一片死寂，就像厨房里鸭脖子刚被扭断后的戛然无声……（p.8）这个人就像他的房子，房子也像他，就像牡蛎和它附着的岩石一样……(p.8)我后来帮他打理事务，才知道我们初次见面时他已经66岁。他1740年出生在安特卫普城边上，父亲是荷兰人，母亲是个犹太人……（p.10）我有时不禁自问，他到底是男还是女?如果放高利贷的都和他一样，我敢说他们一定是一个中性人种。他是不是跟着母亲信犹太教，把所有基督徒都视为他的猎物?还是改信了天主教、伊斯兰教、婆罗门教或路德的新教呢?我从来没有搞清他的宗教信仰，不过他对宗教的态度似乎与其说是将信将疑，不如说是漠不关心。(p.12)

“这个人化成了金子”，巴尔扎克又加上了这一超凡的形象描述，把所有对高利贷的成见凝结在这一比喻中。即使到了今天，这个神秘、苍白和可鄙的形象仍然是萦绕着各种形式现代消费信贷的不散阴影。

没有什么能够逃脱巴尔扎克的利笔，高布赛克如此，济贫当铺也不例外，它是“高利贷女皇，将自己的罗网布满每一个街角，勒死每一个痛苦的生灵，从不落掉一个”。《小有产者》中小本经营的放债者塞里兹则集中了对高利贷的迟疑和犹豫。

破烂不堪的门口，挂着一盏吊灯，上面写着“床位”两个字……(p.122)塞利才有两个房间，一个在底层，一个在夹层，一个专用楼梯通到上面；上层房间有个窗户，窗外一个乱糟糟的庭院，散发着刺鼻的味道……但他让“顾客”着迷；会说他们的话。加德纳、两个店员、还有塞利才的周围是难过得无以复加的痛苦生活，但他们还是保持着自己的无动于衷，就像死者家属中的哑巴、站在死人堆里的军士一样；听到饥饿或绝望的嚎叫，他们的反应，就像外科医生在医院听到病人叫喊时那样，嘟囔应承一下而已……(p.125)塞利才从不出错，他的借债人也是一样；他们彼此从不说谎，本金、利息都

> 是一样。塞利才毕竟是为大众着想的人，很多时候，他会修正早先计算中不经意算错的一个星期，让没有发现这个错误的可怜虫得点好处。因此，他被看作是条狗，但是只老实的狗；在饥馑遍地的城市里，他的话都是神圣的……（p.127）塞利才搞的这种高息短贷款，总的来说，没有济贫当铺那么残忍。(Bahac，1898，p.127)

这样的描述处于巴尔扎克的笔下，其意义非同寻常。这道破了济贫当铺所经营的合法放债本是借着基督良心的伪装，其实并未实现这些机构建立时慈善的初衷，而被众人唾弃的小债主反而提供了为人们所需的服务。

> 礼拜日上午整理账目的时候，塞利才遭骂；礼拜六借债人不得不为挣回本金和利息苦干的时候，他更是被诅咒。可话说回来，每个礼拜从周一到周五，他都是至高无上的，他都是上帝。（p.124）

除了走投无路的人和永远捉襟见肘的人之外，济贫当铺为众多的商人和小业主提供了急需的服务（Claveau，1876）。当时，尽管大革命时期实行了开放性政策，但小额银行贷款仍然非常稀罕。其原因有二：贷款通常需要抵押担保，因而难以获得，没有吸引力；但更为重要的是，人们对借和贷都抱着反感的态度（Bigot，1947）。反宗教运动留下了后遗症，人们偷偷摸摸地借钱，自然也就给各种不轨行为打开了大门。巴尔扎克对此进行了脍炙人口的描述。“我的姑妈”的说法就源自茹安维尔王子把手表抵押在济贫当铺、然后谎称忘在姑妈家里的情景。

济贫当铺声名稳固，因而吸引了一批寻求良好投资机会的忠实客户。这些人大部分是小有产者。济贫当铺为了减少经营风险，为这些人的投资带来最起码的收益，不得不调整信贷结构，把钱借给更为可靠的客户。这种自相矛盾的局面只能说明纯粹出于社会福利而建立的信贷机构，不可能一边发展，一边赚取利润。它们被夹在社会功能这一初衷和投资者的要求之间。许多颇有名望的机构都进行了这种投资，法国国家大剧院就是一例。1812年，拿破仑在莫斯科熊熊大火的映照下签署了著名的法令，大剧院应运而生。它在巴黎的济贫当铺中拥有20%的股份。

社会各个阶层开始以惊人的速度涌向济贫当铺，典当家具甚或以证券作为抵押来借债。19世纪后半期，法国已经拥有45家济贫当铺，其缺陷也有目共睹：信贷形式落后、利息高、贷款额小，还有臭名昭著的“当票”售卖。

把一件物品交给济贫当铺以换取贷款，当时叫做作质押。对物品估价是业务程序中的第一步。一旦确认典当者对财物有典当的权利，典当商就会开具收据，也就是当票，保留物品。当票上列明典当条款、典当物品和借出金额。当票是典当者有权得到借出款项的凭证，也是典当商对物品所有权的证明。赎回物品时，典当者如数还清本金、利息，出具当票，取回典当物品。当然，赎回物品的期限是在典当条款中明文规定的，一般都在一年以下。逾期三个月尚未赎回的物品，经法官判准，可以公开出售。但是，直到销售前的那一刻，典当者都有赎回权，甚至可以还本付息后再一次典当（Claveau，1876）。为防患于未然，大部分济贫当铺的章程都规定，贷出金额仅限于首饰或金、银典当品价值的4/5或其他物品价值的2/3。物品由拍卖商或其他专家估价。

1875年，政府对包括巴黎、波尔多和马赛的九家济贫当铺进行了抽样调查，发现利率在9%以上，而筹资成本仅为3%—4%。此外，尽管95%的物品都被如期赎回，但3/4的贷款却无法收回成本。尽管如此，济贫当铺仍然进项颇丰。显然，带来了利润的是利息与小笔贷款相同的大额贷款，济贫当铺再用收益补贴小额贷款（Claveau，1876）。

最后、也是同样重要的一点，对典当物品进行贬值估价的制度，往往造成贷款额度的不足。于是，就有了与济贫当铺共生的当票商。这些人是不法放债者，他们用债款换取当票，利息率高达每月10%。如果不能按期付息，三个月后当票就归债主所有。于是，他就可以到当铺还本付息，得到被大为贬值的典当品！

拿破仑时代对济贫当铺的改造是不折不扣的双刃剑：一方面消费信贷遭禁，另一方面虚假的济贫机构盛行。巴尔扎克笔下的小钱商自然在市场中独领风骚！立法者对时代的真正需求视而不见，其社会构想必然失败，信贷受到了病态和过失的种种压制。“我的姑妈”不过是人所共知的虚假摆设。不幸的是，这种体制名副其实的坏名声进一步加深了对信贷的排斥。法国当局一意孤行地维护济贫当铺的垄断，“我的姑妈”体制被糟蹋得面目全非，这中间可以给我们不少有益的启示。

英国典当行:“我的舅舅”

法国“我的姑妈”的说法起源于拿破仑的法令和由此导致的济贫当铺的兴起,而英国“我的舅舅”说法则更为古老,使用更为普遍。英国的这一说法也同样具有社会嘲讽的含义，最初指把家族赚的钱都贷给了“舅舅”,但实际“舅舅”已经是各类放债人的代称。这一说法始见于17世纪的中期的弗兰德斯，随后传到周边地区,也进入了法国,但最终在英国落了户。19世纪所谓“美国舅舅”在新世界发了大财、荣归故里寻找继承人的神话,也源于英国。这两位“舅舅”构成了欧洲心路历程的主线，反映出金钱和信贷在集体潜意识中亦德亦罪、既好又坏的暧昧角色。英国消费信贷史正是这种态度的最好写照。

从伊丽莎白女王早期实行开明政策以来，抵押放债完全是私人经营,没有国家的垄断。和其他国家一样,人们对此营生都大皱其眉:借钱就等于认穷。大部分交易也的确是在劳动阶层内部进行的。18世纪时，这种借贷行为极为普遍，招致了道德家们众口一词的谴责和诬蔑。丹尼尔·笛福估计，伦敦大部分家庭的债务都在其年收入的两到三倍，他们可以说“小牛还在娘肚里就已成为盘中餐”。当时的典当行实际上就是穷人的银行,索债方式粗陋甚至残暴。因还不起债而坐牢是最为严厉的惩罚，其状之可怖使得慈善机构甚至愿意代为还债,把欠债人解救出来。到18世纪末,仅伦敦一地每年解救出狱的就高达700宗。狄更斯就像法国的巴尔扎克，对这些“舅舅”进行了精彩描述,他们服务地方,有时是明目张胆的高利贷，有时则类似美式的“钱庄”，是一种向所有人开放的银行。

英国出现资本主义的时间较早，家庭与工作地点因此分离。家庭不再自给自足，家庭的需要通过用货币在市场上采购得到满足。手头拮据或遭遇意外都会迫使家庭借债。有些家庭因此倾家荡产，有些则借此向中产阶级的生活靠近了一步。

妇女经常光顾的典当行基本上是一种城市景观。这种典当行在1850年到第一次世界大战之间迅速扩大，在伦敦以及兰克夏、利物浦和曼彻斯特等大城市尤其如此。沃里克郡就是一个很有意思的例子：1870年，每2 656个居民就有一家典当行，相当于当今银行数量最多国家达到的比例（Tebbutt，1984）。

城市典当行的经营方式与其他地方不同。在劳动阶层集中的地方或郊区，典当者赎回典当物品的压力很大。大部分典当商都有固定的劳动阶层的客户。贷款额不超过十英镑，十英镑以上在法律上已不属当铺的范围，而按高利贷加以规管，后来又颁布了1900年和1927年的法律。

在大城市的商业区，典当行接受大额抵押品。这些在城市中经营的大典当行收纳贵重典当品，也有雄厚的资金贷出。他们的客户时常是中产阶层，因而与其他当铺相比，更为接近现代的银行。

对抵押贷款有严格的法律规定：1784年的法律规定，以20几尼为界限，低于此的贷款最高利率为20%，高于此的贷款为15%。贷款额高于十英镑，借贷双方可以自由议定利率。因此，现实中实际支付的利率远远不止每年20%。1872年，不足两英镑的贷款利息上涨到25%，较高数额贷款的利率为20%。贷款费用从本金中扣除，赎回典当品或续借贷款时偿还利息。赎买期限为15个月，1872年缩短至一年零七天。

英国立法讲求不折不扣的实用主义。它认识到拥有富人客户群的典当商希望得到社会的尊重，也看到了他们与客户群为较为贫穷群体的同行之间的矛盾。前者对质押品要求更为严格，而后者则比较随便，甚至接受儿童衣物，其数量可以占到所有典当物品的1/4。据说洗衣妇甚至可以用客户的衣服换取贷款。学徒、佣人或短工有时会把交给他们看管或使用的物品当掉，这种事情在有机会接触首饰或贵重金属的员工身上更是时有发生。相反，典当商使用或损坏典当义务的事情也屡见不鲜。偷窃的赃物自然也会在当铺处理掉。简言之，劳动阶层形形色色的人物都可以和典当行交易（Tebbutt，1984）。

可追述至1603年的早期法律旨在防范犯罪行为，后来才有了更多的社会功能。1757年通过的一项法律力图界定与典当相关的各种义务。不无象征意义的是，这项法律竟是有关欺诈和在公共场所赌博立法的一部分！1800年，《典当商法》出台，1872年又进行了修订（Crowther Report，1971）。

19世纪的自由开放思想把受到法律规管的典当与不受法律管制的放债行为进行了区分。1839年，大于十英镑的贷款不再属于高利贷法律的范畴。1854年，该法完全废止。从此后，放债人可以为所欲为，而其中产阶层客户也完全有能力充分利用竞争，保护自身的利益。

与此相反，小典当商受到法律保护，因为他们被认为担负着救助收入无着落的劳动阶层这一社会使命。典当当然也要受制于法律，但典当商可以得到稳定而实惠的利率，以避免制度的败坏。我们可以在1900年的《典当商法》中看到这样的意图。该法为保护借债人规定了严格的条款和监控制度，但同时也允许典当商特别是小本经营时收取高利率。

如果典当物品估价无误，则典当人可以得到相当于物品市价2/3或3/4的债款。典当商往往靠回头客赚钱，因此也会给予较为公道的交易条件。但是，细算起来，小额短期贷款的利息可以高达百分之一千甚至两千。慈善家、社会党和经济学家不断对这种状况发起攻击。报纸的报道把这个问题暴露在公众面前。反对典当（1894年伦敦的做法）的运动持续了很久，保护典当的法律被认为是国家的耻辱。放高利贷的英国“舅舅”成了慈善的法国“姑妈”的反面人物，却不知拿破仑法律背后隐藏着多么深刻的虚伪！济贫当铺的社会功能不仅没有体现在其经营中，它引起的后果也无人问津。

尽管如此，在英国建立济贫当铺的努力以失败告终：启动资金利率高，经营亦无获利的可能。这场运动始终没有得到政府——无论是辉格党还是托立派——的支持。济贫当铺的繁杂体制令人望而却步，人们更喜欢和典当商的人情关系。伴随这种道德高调的，是“舅舅”的高度实用。

典当商在英国传统中根深叶茂，并在工业革命引起的社会动荡中的扮演了重要角色。典当行始于18世纪，在19世纪得到扩展，而这也恰恰是移民不断涌入城市郊区的时期。狄更斯正是在这个年代完成了《艰难时世》（*Hard Times*）。他所描绘的“穷人的债主”（banker to the poor）形象处在典型的高利贷者和金融服务人员之间。英国立法者深谙典当商作为社会润滑剂的基本功能。与乌托邦派喜欢声称的相反，典当商不是时世艰难的起因，而不过是其结果。归根结底，如果有合理的法律规管以防止制度的败坏，且不在理论上纠缠利率的问题，那么“舅舅”就是远胜于“姑妈”的社会调解人。“姑妈”已经陷入自设的道德陷阱无以自拔。

消费信贷的降临

1572年，必需品的赊账销售成为合法的，接着当铺普及开来，一直持续到19世纪后半叶。此后，分期付款式的信贷沿着截然不同的路线发展起来。1881年，英国普罗维登斯服装公司（Providence Clothing Company）开始启用优惠的付款条件。客户发现通过信用购置新衣，比付息赎回旧衣更为合算，这使英国劳动阶层的日常生活大为改观。从1890年起，典当商逐渐被信用销售替代。人们的思维从典当商是困境中的生命线，转移到了通过分期付款销售改善生活。

19世纪市场上还出现了租购的新手段。这个办法最初起源于法国租用昂贵的家具并可最终买下来的做法，现在则主要用于缝纫机、钢琴和家具的销售上，提供给风险小的富裕客户。最早使用这一手段的是钢琴生产商和胜家缝纫机公司。直到19世纪70年代末，人们大多选择“两年期租购”（缝纫机）、“三年期租购”（钢琴）和租用（家具）的办法。这些合同的大部分都属于法律规定的有条件销售协定，因为“租用人”只有在付清商品全价时才能成为合法的所有者（Crowther Report，1971）。

租购所针对的客户是有身份的富裕阶层，他们借债是为了改善生活水准，借贷双方基本无须承担任何风险。鉴于此，英国的法律把租购与放债区别开来，另眼相待，直到1938年都没有做出任何法律规定。

按照传统，放债者通常选择一时陷入困境的富贵人家作为放债对象。贷款以销售契约为担保。销售契约是财产转让的凭证，契约的转让者仍然是财产的所有者。

1878年的销售法法案禁止在抵押财产没收前将其转让给第三方，以保护放债者的利益。如借债人破产，接受了财产的第三方（the receiver）无权拥有这些财产，而是应归持有销售契约的债权人所有。1882年，该法得到修订，以保护借债人的财产免遭非法没收。新法对销售契约的签订、其适用范围以及在皇家法院的登记，都做了详尽的规定。1900年的《放债人法》又对此法进行了补充，1927年对《放债人法》进行了修订。这项法律涵盖了放债的方方面面，其中包括同意条款和合同。

与美国一样，第一次世界大战后汽车和摩托车生产的发展，推动了租购体制的扩大，也为专业金融公司的出现创造了条件。这些公司不仅为购买汽车供资，也为代理商提供存货贷款，因为汽车销售表现出极强的季节性。家庭信贷和销售信贷之间的这种特殊联系，正是此类销售在英国开始时的特点，而且至今仍然是汽车销售的主要融资方式。

大型金融机构正是在这个时期建立起来的。1928年，福渥德信托公司（Forward Trust）成立，提供购车信贷；1939年，提供钢琴购买信贷的庄家商业证券公司（Bankers Commercial Security）、专营家电信贷的设备信托公司（Equipment Trust Company）以及经营汽车贷款业务的商业联盟担保公司（Mercantile Union Guarantee Corporation）合并，成立了商业信贷公司（Merchantile Credit Company）。1923年，原本为美国的联合自治领信托公司（United Dominions Trust）变成了一家英国有限责任公司。已经存在的金融公司，如北方中央铁路金融公司（North Central Wagon and Finance Company）也在业务中加入了租购信贷（Drury, 1982）。

克罗德委员会（Crowther Committee）的报告估计，1891年，英国人签订了100万个租购合同；1921年则达到了2 100万个。这些数字显示出这一金融产品产生的非同寻常的影响。如果说典当商帮助工业革命的第一代人维系了日常的生存，那么租购销售则继往开来，帮助家庭获得了耐用消费品。人们关心的着眼点不再是过去，而是未来。

两次世界大战之间租购迅速发展，这一方面是因为它推动了消费品的大规模销售，另一方面也因为它没有受到《放债人法》的管制。克罗德委员会的报告证实了租购不在《放债人法》的规管之列："毫无疑问，绕开《放债人法》的管制符合消费阶层的利益，因为否则就不可能有提供给普通家庭的信贷，也不可能因此而提高物质生活水平"（p.44）。

事实上，生活水平的提高又带来了新型贷款。贷款的目的不再是确保基本生活或救急，而是资助购买耐用消费品。随着家庭收入的增加，今日的消费信贷逐渐成形。家庭开始意识到对耐用品的渴望所带来的各种机会。随着放债者逐渐消失，商家、银行和金融公司提供的信贷得到了可观的增长。

随着信贷的膨胀，规管租购销售的法律也接踵而至。立法前进行了公众大辩论，人们既认识到消费信贷无可争辩的社会功用，也认为有必要为消费者提供保护。于是，1938年，第一部有关法律——《租购法》出台，规定一旦货款的1/3已经付清，就不得将商品收回，除非上诉到法庭另行决断，向纯粹的信贷迈出了不大但却十分重要的一步。

战争年代的短缺和种种限制阻碍了租购销售的扩大。第二次世界大战后，对经济的规管普遍加强，信贷公司也首次遇到了各种法规对其经营的限制。正是在这一时期，销售和融资贷款泾渭分明地分离开来了。

战后初期，消费信贷被认为是造成当时高通货膨胀的原因之一，实行了抑制消费信贷扩张的政策，金融公司因此受害匪浅。1952到1958年间，贸易局（Board of Trade）对有关金融公司的法规进行了22次修订，这也是英国政府当局第一次如此热衷于规管。它们对信贷的态度一向开明务实，既顺应了英国社会，也有利于经济发展。对融资金额加以限制，延缓了当时金融公司的增长。但事与愿违，这一政策促使一大批小型公司建立起来，迅速发展，违背了政府挤压信贷业的初衷。

从1952年以后，当局还对分期付款贷款规定了限制条件：首期付款为全额的1/3，还款期限最长为18个月。到1958年10月，这些规定一变再变达八次之多。1957年4月，建立了由拉德克力夫爵士（Lord Radcliffe）主持的一个委员会，研究货币体制的运转状况和信贷问题，提出改进建议。经过长时间缜密的研究后，委员会宣布反对把对信贷的规管控制作为货币政策的一部分。1959年8月，《拉德克里夫报告》正式发表，所有控制也随即取消。

尽管有种种规管限制，战后的岁月仍然是经济高速扩张的时期，人们对信贷态度的巨大转变更是对此起到了推波助澜的作用。道德禁忌消失了，各个阶层的人们，无论是深深卷入经济机制还是打理衣食住行，都认为消费信贷在社会发展和社会活动中，是必要的、有益的。

早在19世纪，典当商被认为在扶穷济贫中具有一席之地，是不得不有的恶行，后来又被认为是经济机器的润滑剂。20世纪30年代，零售信贷被一致公认为是失业者的生命线。后来，有些人觉得租购无异于强制性储蓄，因而是件好事。第二次世界大战后，残余的非议也消失了，人们的生活原则变成了“不要让欲望再等待了”（Take the waiting out of wanting），从此后，消费者保护开始成为焦点问题。1959年马洛尼委员会（Monoly Committee）的工作为1965年的《租购法》提供了依据，开始了消费信贷的一个全新阶段。

1968年，克罗德爵士主持的一个委员会审查了立法的混乱状态，详尽分析了消费信贷对英国社会的影响：消费信贷与通货膨胀无关，对储蓄无任何不良影响，对经济的周期性不起任何作用，对社会的负面影响极小。报告以这句话结束了分析：“我们的结论是，权衡之后，消费信贷是有益的，因为它对英国大多数人民的生活水平和经济、社会安康做出了有用的贡献”（p.141）。后来，委员会又补充说："总而言之，我们认为社会政策的首要原则，是要把消费信贷的使用者作为完全有能力管理自身财务的成年人对待，而不是为保护少数陷入困境的人而限制获得消费信贷的自由"（p.153）。1971年3月《报告》发表，1974年7月31日《消费信贷法》通过。这部法律意如其名，涵盖了消费信贷的各个方面，既全面亦复杂。它为低于15 000英镑的所有消费信贷建立了规管体系，所涉内容从专业执照到信贷发放制度、从利息的计算到针对消费者的广告和文件，以及纠纷的仲裁及程序，无所不包。该法的全面实施耗时十多年。

法令是多年不懈立法工作的结果，也是英国市场异常丰富的资源的结晶。围绕着传统的租购销售，形形色色的信贷接踵而至，既有批发商的简单促销，也有通过抵押（二次抵押贷款）进行的家庭债务整合；既有银行卡，也有商家的购物卡；既有支付管理，也有纯粹的新用；既有购物折扣，也有增息促销……可谓气象万千。

英国大公司实力雄厚，促销攻势强劲，银行、零售商、金融公司和信用机构各显神通，与法国的消费信贷道德鼓吹者形成对比。在这个方面，英国就像是近在眼前的美国，只是缺少了一个诱人的西部边疆。消费信贷在英国起到了同样强大的社会融合作用。尽管这种作用与美国的步调不尽一致，但采用的是同样的手段，同样是在放开经济的大前提下制定了相关立法，并受到消费者保护运动的制衡。这种保护涉及贷款条件是否符合道德以及隐私权等基本问题，但并不纠缠每种形式信贷的具体细节，而是让市场料理一切，纠纷则交由法庭裁决。在这个意义上，英国是一个榜样，而《克罗德报告》则是欧洲消费信贷史上的重要一步。

法国之路

在整个19世纪，法国的消费信贷基本局限于济贫当铺。19世纪后半期，按周领薪的工人有所增加，但总数仍然不多。人们除了质押借钱外，还可以在杂货店、旅馆或是面包店赊账，更不要说工人居住区的无数小债主了。大部分人仍然是年终得到薪酬。这笔钱往往数量可观，一部分用作日常开支，其他则用在比较昂贵的开销上。家庭用品简单而基本，但寿命长，常常代代相传，购置家用的储蓄也因此从上一代传给了后人。

在这种以乡村生活方式为特点的社会环境中，私人贷款仍然被视为禁忌。公共舆论仍以谴责借债为主调，认为信贷迫使年景欠佳的小农“以橡木换稻草”，而富足人家的子弟则因为借钱而挥霍家产，甚至老头子尚未归西，祖产已经败尽。同样，信贷让企图成为工业家的手工艺人破产，让老婆喜欢奢侈品的商人倾家荡产。继承遗产、精打细算和储蓄，这才是当时法国社会安身立命的原则。甚至到了1934年，英国人已经开始对《租购法》进行大辩论时，法国的一位经济学教授博丹（Baudin）在其题为《论信贷》的著作中，还义正词严地对消费信贷发起了攻击：

> 信贷引起了更多的周期性上升运动，但信贷不仅仅是由银行在国家或国际业务的基础上发放的。我们可以看到它以消费贷款的形式遍地出现。还有什么比只要在一定时期内按

月付出不多的款项就可以立即得到垂涎已久的汽车更吸引人呢？ M.H.豪塞（Hausser）指出，付款期向未来推得越远，就越容易说服那些希望以不多的付出获得奢侈品的人，让他们相信这样的付出的确划算。而另一方面，生产者则获百利而无一害：他可以立刻增加当前的需求，未来的需求也得到了保障，因为只要车卖出去，就不愁未来的修配服务。此外，他对每年的还款精心计算，保证利息一并收齐。人人皆大欢喜，不难看出，这样的做法有时也颇有助益。马丁·圣勒昂（Martin Saint-Léon）指出，"靠信贷过活总比饿死好"。在这个意义上，济贫当铺提供了一种重要的社会服务。但是，除了个人生存受到威胁而必须借债的情况以外，消费信贷存在严重缺陷。生产者创造出来的需求极为脆弱，但他却因为需求的增加而把生产扩大到了超出繁荣时期消费者平均购买能力以外的水平。一旦发生危机，不仅生产者无法指望得到信贷的偿还，而且需求也会从人为的高水平一落千丈。消费者寅吃卯粮，已经习惯了人为的高生活水准，他对奢侈品的需要首先是由信贷销售创造来的。现在他不得不放弃对奢侈品的享受，将就与其收入更为相符的较为朴素的生活（……）消费信贷是非生产性的，不能像生产信贷一样创造收入，使借债者得以在未来从债务中脱身出来。信贷在美国的发展，借助的是允许抵押和保障动产再拥有权的法律（……）法国人向来敌视这种做法，这首先因为他们天性谨慎，其次因为法律规定"对动产的拥有就等于对它的所有权"，这样就排除了销售者收回的任何可能。忆往昔，法国乡村一直恪守着"赚钱致富、赊卖受穷"

> 的原则。杜法耶勒在很长时间内都是绝无仅有的个例。只是在战后，少数公司才起而效仿，巴黎的百货商店和汽车厂商尤为积极。这些业务由几家专业银行融资。消费信贷在法国是背着耻辱发展起来的，店主把它作为竞争的武器，或者害怕丢掉老客户而不得不赊卖（pp.201—204）。

这样的论述在今天看来代表着典型的法国，而且是保守的、利己的和乡村的法国，小资产阶级的保守的法国，把美国的做法拒之门外的法国。这样的法国仍然信奉过去的教条，固守虚伪的“姑妈”，宁可守着现金停滞不前，也不愿依靠信贷实现发展。在这块思想环境不利的土地上，消费信贷终于在19世纪后半期迈出了蹒跚的第一步。

1856年，克雷潘（Crépin）——一个农民的儿子，在巴黎的巴尔贝大道（Boulevard Barbès）开设了一家家具店。他早先干过各种工作，特别是赊卖过首饰。1865年，他决定采用凭券购物系统。客户要得到购物券，首先必须支付商品价格的1/4，余款按月结清。后来，克雷潘请其他商家采用他的购物券。他负责建立购物券系统，收取销售额和利息的一个百分比，并负责催账收账。

杜法耶勒（Dufayel）也有类似的经历。他从旺代来到巴黎寻找发财机会。他先是为克雷潘工作，后来成为他的合伙人，为业务的经营带来崭新的内容。在巴尔贝-洛舍舒阿特（Barbès-Rochechouart）附近的克里斯蒂阿尼街（rue Christiani），他建起了叫作“新奇宫”（Palais de la Nouveauté）的百货商店，专营家具和家庭用品。他的销售价格低于其他商家，因为他批量进货，并改进了信用系统，促进了销售。他不仅成了自己的银行，也为其他共同经营的商店提供信贷。其中之一是厄恩斯特·科尼亚克（Ernest Cognacq）拥有的萨玛丽丹百货店（La Samaritaine），其周转量很多依赖杜法耶勒的帮助。杜法耶勒雇人挨家挨户地推销他的购物券，又挨家挨户地收账。巴黎的墙上贴满了他的招贴广告。使用了购物券的商家都增加了销售（Drancourt，1961；Durand，1966）。

1913年，杜法耶勒的一些手下人另立门户，开办了塞莫斯百货商店（La Semeuse）。杜法耶勒又开办了一家服装百货商店与萨玛丽丹竞争，与此同时，科尼亚克终止了与杜法耶勒的交易，把业务都转移到了迅速扩大的塞莫斯（Drancourt，1961）。直到20世纪60年代，这家商店一直生意兴隆，但新的信贷办法出现后，它却未能旧貌换新颜，赶上时代的变化。

杜法耶勒和科尼亚克的成功显然依赖的是大众市场。他们意识到，要服务于这个市场，他们必须为收入有限的工薪阶层提供一种支付方式，使他们有能力购买，现金支付是这些人力不能及的。这一思想在20世纪上半叶得到接受，第二次世界大战后则随着其他产品的出现而变得更为普及。购物券系统与美国的租购销售相比，不无有趣之处。购物券与租购销售同样是按月付款，甚至按周付款。同样，销售也是上门服务，有时还难免出现销售和付款的混乱。由于购物券主要用于家庭用品的促销，因而也和租购销售一样，起到了社会融合的作用。就像欧洲移民奔向新大陆一样，法国的外省人涌入巴黎，而科尼亚克则为他们提供了帮助。两个系统唯一的区别，在于租购销售由生产商提供，而购物券支持的则是批发商的销售。这就形成了截然相反的特征：一个是把商品出租，另一个则是便利消费。这种区别不仅导致了后来立法思维的细微差异，更产生了人们对此态度的不同：英美持相信的态度，而法国则持不信任的态度。

约1900年，许多巴黎和外省的百货商店都采纳了购物券的销售方式。销售人员手持商品清单在自己的管辖区奔忙，成了城市一景。“法兰西女郎”（Dames de France）独领风骚：这家设在市中心的商店把婚嫁用品和购物券充斥到其“腹地”市场的各个角落。一个家庭就是一家商店的忠实客户，销售人员周到审慎，于是生意从一代人做到了下一代人。这种状况一直持续到超级商场的停车场替代了上门销售的年代。即使小商小贩也会集结力量，凑足资金进行购物券销售。

但是，直到第一次世界大战之后，汽车消费贷款才随着汽车销售的扩大在市场上初露头角。也正是在这一时期，专业金融公司开始出现。1919年，雪铁龙公司与拉扎德银行（Lazard Bank）联合建立了索瓦克（SOVAC）公司（汽车销售信贷公司）。拉扎德银行旋即购买了索瓦克的全部股份，将业务扩大到家用电器和不动产。1924年，雷诺公司组建了汽车工业分销信贷公司；1928年，标致公司建立全国工业分销公司。“分销”一词在两个公司名称中的出现，表明其业务是为了支持产业的发展。到1939年，汽车销售的1/4都是靠信贷实现的。同期，汤普森及其他大型生产商连同各自麾下的银行，建立了旨在便利家庭耐用品销售的电气信贷公司。

这些第一代的金融公司，特别是汽车业的“钓鱼公司”（captive companies）从两次世界大战之间的时期开始就基本没有变化，形成了该行业的根本基础。显然，它们之所以保持不败的业绩，一方面依赖把代理商和制造商联系在一起的独家合同，另一方面则是通过转移汽车价格和贷款成本之间的差价。一旦将来这种纽带不再是独家专营，或者更多地使用实际价格，甚至于推销也不例外，那么这些公司的日子就该难过了。

但是，在家庭用品部门，特许专营没能挺过20世纪60年代，价格变得更为透明，对消费者更为有利。这个部门销售的增长一直持续到了战后的繁荣时期和其后的岁月。

科菲卡公司（工商农融资公司）于1945年5月8日（即第二次世界大战停战之日）成立，此后许多金融公司相继成立，其中最重要的包括索芬克、科菲诺加和西泰里姆（Sofinco，Cofinoga，Cetelem）。索芬克公司（工商融资公司）1950年由家具联合会成立，后来成为苏伊士集团，西泰里姆则是后来银行公司（Compagnie Bancaire）的前身之一。1953年西泰里姆公司的创始人开始学习美国人的榜样。在电气工业联合会（该公司的股东之一）资助进行的一次考察后，他们决定大胆创新，废弃汇票，采纳规模管理方式，直接参与商业，并确立了培养忠实客户的政策。西泰里姆的成功有目共睹，其原因就在于这些创新以及随后的变革。今天，西泰里姆根据社会的变化不断调整产品，保持了在欧洲金融公司中的领先地位，已经成为成功的代名词。西泰里姆以提供“家用电器信贷”起家，现在则是提供“家庭设备信贷”。

这种变化完全适应了法国社会的变迁。工薪阶层已经构成人口的主流，其月收入不足以支撑大宗采购的现金开支。新产品不断出现在市场上，刺激着消费，改善了大多数人的生活水平。同时，大部分新产品的使用寿命都不超过10年，因此家庭不再可能继承老一辈的东西，而是自己要购买。1960年，有些人认为这无关紧要，但其实是一种根本性的变化。人口的激增、政府对购房的支持、充分就业和前所未有的繁荣，都促进了对耐用消费品的需求，降低了其相对成本。生活节奏也发生了变化，时间更为宝贵，妇女对生活的期望也发生了显著变化。

法国和其他地方一样，因循美国的榜样，现代消费信贷成为联系广大需求和各色产品的纽带。消费信贷之所以迅速扩大，是因为大部分生产和交易都围绕着满足对耐用品的需求。它替代了过去仅为少数幸运儿享受的特权，带来了人民的普遍安康。

当然，消费信贷的发展需要良好的条件，社会必须达到了一定的富裕程度。它与繁荣息息相关，并且在社会努力通过增加生产改善大多数人的生活的条件下，维持着繁荣和发展。可以说，在温饱线以上生活的家庭越多，使用信贷的购物者就越多。1966年，亨利·杜朗德对这种状况进行了总结："高利贷是痛苦和贫困的伴侣，而消费信贷则是工业繁荣的同路人。"20世纪50年代，法国经济增长迅猛，战后生活水平提高，汽车数量增加，家居条件更为舒适。这一切都为消费信贷在法国的发展提供了有利条件。

然而，许多陈旧的偏见仍然根深蒂固，在一些政界人物中出现了对消费信贷的敌视态度。20世纪60年代早期，许多人对信贷购买仍表示反对，认为借钱的人不是穷困潦倒就是挥霍无度。也有部分公共舆论认为消费信贷是一种美国病，是对头脑简单的人玩弄的障眼法，是银行永远是赢家的游戏。对道德家来说，信贷仍然是可耻之物，它驱使人们寅吃卯粮，在奢侈和无用的东西上挥霍钱财。“先”储蓄比“后”付款更为可取。这个时期，艾尔莎·特里奥利（Elsa Triolet）的小说《借债的罗莎》（*Rosa à Credit*）大获成功，其中的女主人公过分铺张地添置家用而生命垂危（1959）。喜剧演员杰克·塔提也在《我的舅舅》（显然并不带有“我的舅舅”典当铺的双关意义）的表演中，异曲同工地讥讽了一个热衷家庭机器人的社会失去人性的现代化。

最后，对某些左派来说——波德莱尔（Baudrillart）是其主要的和最为雄辩的代表，信贷是垄断性金融机构向穷人征收的一种变相税务。按照他们的分析，工薪阶层之所以需要信贷，是因为他们的薪酬过低，因此不得不用未来的收入，补充当前被剥夺的那部分收入。这样做使他们处于弱势地位：他们再不敢要求自己的权利，不敢罢工，因为害怕丢掉工作。波德莱尔根据列宁主义辩证法，声称信贷腐化了无产阶级的上层，用资本主义制度的规则潜移默化地影响他们。他们为了洗衣机必须保证每个月定期付款，于是逐渐学会了预算管理的基本规则，被市场经济的精神所感召。还有什么比波德莱尔对他周围发生的一切做出的这一反应，能更好地表现消费信贷促成的社会融合呢！

尽管存在着这样的态度，但私人贷款在过去30年中仍然持续发展，只是仍然赶不上英美的步伐。经济环境不允许禁止信贷，现实的必要性和固有的不信任，最终通过限制性立法得到了调和。法国终于在其他工业国家中脱颖而出，成为欧洲法规的参照榜样。

1941年6月14日通过了信贷业的准入法规。只有金融机构才能发放消费信贷。1954年，国家信贷理事会（Conseil National du Crédit）规定了租购信贷的期限和最高额度。这项旨在保护消费者、规范信贷发放的法律在1979年废止。1966年12月28日的法律涉及高利贷、货币贷款和某些形式的上门兜售推销。它把最高利率定在一类债券（first category bonds）利率两倍的水平。超出这个限制就构成高利贷。法律还对与商品或服务无关的消费信贷上门推销做出了规定。

1989年12月31日的尼埃兹法（Neiertz Law）对最高利率标准进一步细化，强调“如果一笔贷款的总体有效利率（global effective rate）在贷款议定时，超过了上一季度信贷机构风险相近的同类贷款平均有效利率的1/3以上，则属高利贷”。这条规定紧跟市场动态，直接与明显的现实挂钩，明确界定了贷款种类，因而是一大进步。显然，为期20多年的住房贷款与6个月的购买电视的贷款，其高利贷利率当然应有不同的标准。

“有关在某些信贷业务领域信息和消费者保护”的史利维内法（Scrivener Law）（1978年1月10日）和尼埃兹法（1989年6月23日及1989年12月31日）构成了今天消费信贷立法的基本内容。这些法律规定了信贷业务的总体条件，特别是做出了信贷费用广告、合同条款、冷却期（cooling off period）贷款协议和与卖方签订的销售协定之间的关系、信贷合同的执行（部分或全部提前还款、取消提前清偿或还贷罚款、逾期罚款、借债人拖欠、法庭的作用，等等）等诸多方面的有关规定。法律还规定了续设永久账户，或者有些人所称的“可续借贷款”的办法，以避免对永久还款的负面反应。这难道是说1965年发明这一说法的人只看到了积极的反应?!更具技术头脑的比利时人，更愿按照美国“循环贷款”一词的直译，使用“crédit rolatif”的说法。1989年12月31日的尼埃兹法还对“防止和管理个人和家庭债务过重的问题”做出了规定（见第十章）。

1978年1月6日通过的计算机技术和自由法，对可能直接影响到消费信贷发放和收回的信贷文档做出了规定。这项法律连同上述两项，使法国消费者得到了世界上最好的法律保护。这不是说一切都达到了登峰造极的地步。尽管在界定高利贷问题上取得了重大进步，但从实现健康的市场行为的角度看，这个部门受到了过多的管制，政府部门则更为严厉，在负债过重的问题上尤其如此。这种行为无疑会把客户排挤出市场，因而与推动社会融合的初衷背道而驰。只要想想济贫当铺化为乌有的美好愿望，就足够了！

新立法的最大好处似乎是它对人们认识带来的长期影响。媒体的报道要么混乱不堪，要么平淡无奇，而大部分信贷专业人员过于纠缠细枝末节，往往只看到短期的一面。尽管如此，消费信贷的公众形象还是逐渐走入现代，更加适应社会。所谓走入现代，是因为消费信贷已变得堂堂正正，过去的神圣规则——“要快活地生活，就必须偷偷摸摸地生活”这一放债人时代的遗产，已经为今天的所有的信贷机构所摒弃，他们大作广告，不再遮遮掩掩。所谓适应社会，是指利用信贷购买耐用消费品的家庭为数众多。美国建立罗素·萨哲基金会半个世纪、英国发表《克罗德报告》20年之后，法国似乎终于从信贷的罪恶感中解脱了出来。

欧洲其他国家

1985年，西泰里姆公司把自己转向业务输出到意大利，开始了摆脱了既往限制的消费信贷。同年，意大利金融行会主席对欧洲的同行发表讲话，为著名的汇票（*cambiale*）做辩护，称这是消费贷款担保的最佳形式。当时主宰意大利市场的公司，无论是康帕斯公司还是美意银行（Compass or Banca d' America e d' Italia），如果也如此螳臂当车，就会大为丢脸。意大利市场的情况当然不能以1985年一言以蔽，但当时的事件仍不容忽视。

欧洲地中海国家消费信贷的发展比法国仅落后几年时间。它们类似于法国，保持着反宗教运动遗留的保守心理，实行的仍是拿破仑法令影响的规管制度。19世纪，他们也对济贫当铺进行了改革，但由于虚伪的社会成规和筹措资金的迫切性之间产生了矛盾，因此也遭到了与法国一样的失败。到19世纪末，幻想终于破灭：济贫当铺永远无法成为现代化的工具。

和法国一样，分销商也开始尝试使用信贷系统。1929年，菲亚特公司仿效英美模式，建立了自己的金融公司，力图使汇票流程更为合理。但是，这一努力遇到的是四面楚歌，直到20世纪50年代才开始有所起色。此后20多年里，首批独立的金融公司开始出现，其中包括意大利的康帕斯公司［梅迪奥银行集团（MedioBanca group）的一部分］、西班牙的商业金融公司（Finanmersa）［美西集团（Hispano-Americano group）的一部分］，百货商店［西班牙的普雷莎多斯百货公司（Galerias Preciados）］开始发行首批信用卡。20世纪60年代和70年代的经济增长和社会进步，带动了消费的增长。另一个有利条件是开立银行账户的人越来越多，西班牙尤其如此。银行系统逐渐实现了现代化，西班牙的储蓄银行是业务活动现代化的最好的范例，而西泰里姆的意大利分公司家庭理财公司（Findomestic）则在消费信贷方面出类拔萃。西班牙和意大利一样,需求与家庭的社会进步有着明显的联系。1960年,梅迪奥银行这一国营集团根据家电生产商联合会的倡议建立了康帕斯公司。当时传达给政府的主要理由是“把家庭主妇解放出来”：大规模生产加上信贷、去掉账单,等于一种新型家庭。这样的家庭一般拥有双份收入，生活水平因为不断购置耐用消费品而节节提高。西班牙从前一个世纪传统而封闭的社会，转变为20世纪的西方社会，在很大程度上也要归功于消费信贷。如果信贷在法律框架中找不到一席之地，就会另辟蹊径，在没有规管制度的情况下，通过各种其他手段开展业务。在葡萄牙，支票按邮戳计时（post-dated checks），出租公司明目张胆地绕开官方的禁令，继续租购销售。葡萄牙成了立法无法跟上社会变化的反面范例。

北欧国家的消费信贷史更为成绩骄人。所有北欧国家都受到了这样或那样的新教教派的深远影响，很早以来就多少使用着有息贷款，宗教的阻挠较为缓和。古典时代发展起来的资产阶级社会典范，在荷兰画派的黑衣肖像画中得到充分体现。他们反对消费主义，认为它有害、奢靡。正是这种顽固的思想状态，使赞成储蓄、反对个人消费的商人社会大为受益。资产阶级对在尊严的屏障后面发生在乡村当铺的一切一无所知，而英国人则了解这些交易的存在,采取了宽容的态度和规管的措施。

德国人的志向更为高远。18世纪末出现的首批储蓄银行，很快就成为全欧洲的典范，斯堪的纳维亚国家，继而法国，然后是地中海国家，纷纷学习仿效。其理想是要建立一种“穷人银行”，避免向放债人借债。这些储蓄银行是上层和中产阶级经营的慈善机构，目的是像济贫当铺一样低息放债，但同时通过弘扬节俭而根除贫困。其基本的想法是要给普通百姓在光景好的时候提供一个储存积蓄的地方。这样，遇到日子难过时，就不至于落入高利贷者之手，或沦为乞丐。他们鼓励佣人、工人、工匠、水手和农民各色人等都开设储蓄基金，为养老和应付不测之用。

德国著名的互助运动（mutualist movement）情形类似，也成为了全世界的典范。这一运动产生于19世纪中叶，有两种基本形式：农业互助银行（*Raiffeisen*），1850年由莱茵河畔一个村镇的镇长弗雷德里克·威尔海姆·拉菲森（Friedrich Wilhelm Raiffeisen）创建；城市互助银行（*Schulze-Delitzsch*），1869年由德里茨施市的普鲁士副市长赫尔曼·舒尔茨（Hermann Schulze）建立。勤俭持家的拉菲森希望改善受到工业化严重影响的农业社会的状况。为达到这一目的，他建立了采购合作银行，接纳储蓄并发放贷款。按照舒尔茨的设想建立的互助银行叫作大众银行（*Volksbanken*），主要针对的是手工业者和商人。大众银行把信贷与担保互助相结合，同时坚持维护个人自由。这两类机构的宗旨，都是提供更为便利的信贷，帮助人们渡过经济难关或是扩大经营，并不具备任何消费信贷的功能。但重要的是，它们和储蓄银行一样，一经问世便大受欢迎，而且很快深入到社会底层。德国和斯堪的纳维亚的模式在很大程度上是以这种互助银行的形式为基础的。

19世纪末，随着城市化的发展，迁移的家庭越来越多。它们需要增添家用，对消费信贷的需求也因此而开始增长。和法国一样，一些商店开始通过其中间人网络提供信用票（credit slip）。互助机构也不失时机地加入进来，为家庭同时提供信贷管理和储蓄服务,并最终发展为德国银行系统的主要特点之一。

德国当今的个人负债水平可说在欧洲名列前茅(占可支配收入的19%),这是因为德国的家庭实现了高水平的家庭装备和生活条件。储蓄所(*Sparkassen*)和银行系统精于家庭理财,以家庭采购抵押贷款为主要形式,把储蓄和信贷纳入到账户的全面管理中。他们是家庭的随叫随到的良伴,而且发明了让60年代的美国人羡慕不已的促销词。

消费信贷中的抵押是德国和英美市场的共同特点,但也是区分两者的试金石。在英国和美国,抵押的形式通常是二次抵押或住房贷款,以此整合成金额更大但利息较高的贷款;家庭把抵押品作为贷款担保,延长贷款期限减轻债务负担。此外,利息支出可免税。在德国,储蓄银行或其他银行可以“填补”已偿还的那部分住房贷款所相当的抵押价值,放活的资金就可以用来购买耐用消费品或减少整体债务负担。德国的体制是不是真的高出一筹呢?如果我们要表明高债务不是社会的威胁,而是相反,可以促进社会融合、提高生活水平,那么答案当然是肯定的。但如果我们想要找到一种可以在其他地方借鉴的模式,就要三思而行了。消费信贷市场发展的条件都有其历史渊源,是错综复杂的历史和法规演变的结果,而这又是对社会发展的反映。德式体制的其他特点尤其如此,信贷中间机构的强大网络和所谓的“良性债务档案”。

两次大战之间,专门从事租购销售的公司开始出现,这与法国或英国毫无二致。这些公司通常与一家生产商协作,成为产品促销的一种手段。其中最有名的是第一家专营消费信贷的银行KKB(客户信贷银行Kundun Krediet Bank,与美洲集团合并后成为花旗银行)。1920年初建时，其业务主要支持东普鲁士的自行车生产。从柯尼斯堡的自行车起家后，它已经取得了长足的进步，发展成了把信贷和储蓄平衡运于股掌之中、资产负债业绩最佳的零售银行。

KKB是个独特的例子。20世纪50年代，专业金融公司数量增多，但和其他地方一样，都未能称雄市场。公司规模小，处于次要地位，或者和汽车制造商的金融机构一样，从事的完全是核心企业产品的促销业务。其中的原因很大程度上是储蓄银行的成功。

这个体系尚未考虑到游离于银行系统外的新客户群：归国的德国人；第三帝国垮台后的难民；带来经济奇迹的移民、特别是土耳其人；最后还有两德统一后“五个新联邦州”的居民。这一客户群得到的信息量小，经常移动，因而对银行来说“风险更高”，但他们同样具有与社会融合以及置备家用的需求。解决的办法是信贷中间人，即独立的中间代理，主要任务就是管理和追索信贷。中间人补充了专业金融机构网点的不足和对这一高危群体所缺乏的“知情”。

这些边缘市场的发展对社会来说是自然和必要的。但为了制衡这一发展，这些国家都设计了防范措施，即由附属专业协会的机构管理的强制性信贷档案。这种档案在德国叫作*Schufa*，瑞士称ZEK，而在荷兰则是BKP。无论什么名称，这些档案的“良性”在于记录在案的是发放给一个人的所有信贷及后续的还款过程，而法国等国家的“坏账”档案则只记录那些拖欠、造成回收困难的贷款（Huls，1992）。

实际上，良性档案对大部分客户来说并非有效的监督手段，因为他们要么从储蓄银行通过抵押获得贷款，要么是某家银行的老客户，这种关系本身就是风险的最佳衡量尺度。但对另一些客户来说，这些档案往往起的是“矫枉过正”的作用，信贷中间人因此得以获得许多信息而进行债务整合甚或过度整合。这就是被瑞士行内人士形象地称为“刺头”的难题：竞争对手找到其他银行的客户，劝说他们接受自己提供的额度更大的新贷款，还清老贷款。这种争夺往往要到客户再找不到愿在其身上下赌注的中间人，方可告一段落。为了不让这种“刺头”扎了手，专业机构尽量设法自我保护，比如故意“忘记”记录坏主顾的拖欠，以便把他们顺利脱手给其他机构，或者在最佳客户的档案中放入不良记录，让竞争对手却步。如果老话新说，这就是坏客户赶走好客户。保护得过多，等于没有保护。

欧洲角度

很长一段时期，消费信贷纯属国内业务，关联到的是国内耐用消费品生产商，并且在不同程度上纳入了现代化的偿付法律和技术体系之中。英国早在19世纪就通过了首部关于个人贷款的法律，而意大利却迟至1992年才依据布鲁塞尔的指令制定了有关信贷业务广告的法律，由此可见两国之间的差距之大。英国是传统上信贷最为发达的国家，而意大利则带有宗教禁令最深的烙印。今天两国的信贷产品和技术已相差无几，但不能忘记，当全体英国人都在讨论《克罗德报告》的时候，范范尼政府却起草了管制信贷业务的法令。有意思的是，政府的行动正是对逼债事件的直接反应。意大利一家地方贷款机构强行逼债导致借债人自杀，媒体对此大量报道，人们要求立即制定有关法律。这项法律的措辞几乎逐字逐句都受到了过去一项关于卖淫的法律的启示！但是，这项法律从未执行。

汽车生产商是首先希望扩出国门的群体。《罗马条约》为他们打开了国界，自然也促进了销售。他们希望在新市场中，也能找到自己所熟悉的信贷业务。这一行动始于20世纪60年代，欧洲的生产商或其进口商开始与当地机构签订协议［例如，福特公司与法国的科菲卡公司（Cofica），以及意大利的康帕斯公司］。到了20世纪70年代，汽车商发展起自己的金融机构，即“钓鱼公司”，并很快把它们合并为准银行集团。这一领域最为发达的汽车生产商包括雷诺、菲亚特和大众汽车。

颇有意思的是，欧洲市场联合的另一动因来自大洋彼岸。信用卡之类的新产品不断出现，销售系统完全以便捷为本（金融机构而不是传统银行），消费信贷成为美国银行进军欧洲的先锋。从20世纪60年代中期开始，这一业务已经在英国和德国（随着对美军的金融业务）展开，而在意大利，世纪初由著名的贾尼尼创办的美利坚银行（Bank of America）也重新设立分行“意大利美利坚银行”。最具创新精神也最为持久的非花旗银行莫属。它们采取购并当地公司的政策，建立起了今天以其德国龙头机构，即早先的KKB为中心的遍布整个欧洲的庞大网络。

最新的一些举措来自欧洲公司本身。巴克利银行（Barclays）首先在意大利采取行动，发展到了现今的规模；1984年，西泰里姆公司在意大利建立了家庭理财公司（Findomestic）。这家公司采用标新立异的技术，彻底革新了意大利市场，获得了现在的领先地位。今天，一些法国和英国公司仍在继续这场运动，西泰里姆和隆巴德集团（Lombard Group）[威斯敏斯特国家银行（National Westminster）]尤其值得注意。所有这些活动都在走向欧洲市场的最终统一——参与者的统一、产品和服务的统一。这一发展趋势自《罗马条约》签订后，就一直影响着信贷专业人员。

1959年，根据德国人沃尔德·卡敏斯基（KKB的创始人）的倡议，两家协会看到了机会：欧洲金融协会和阿姆斯泰尔俱乐部。阿姆斯泰尔俱乐部在每个国家都有公司（英国的UDT，法国的SAVOC，荷兰的IDM，意大利的康帕斯，德国的KKB）。其主要目标涉及主要信贷用户交流地方和专门跟踪信息，特别是汽车部门的用户。但是由于国家市场之间缺乏竞争，花旗银行买下KKB全部股份后，这家俱乐部就消失了。欧洲金融协会把国家协会聚集在一起，组成了一个欧洲联合会，其作用是商讨行业的法律和政治方向。显然，随着布鲁塞尔的影响日益扩大，联合会的作用也越来越大。在这方面具有重要意义的事件，是1985年6月米兰首脑会议上做出的建立单一欧洲市场的决定。这一决定对服务行业产生了诸多影响。公共舆论极为敏感的消费信贷已成为欧洲法规的一个主要问题。

消费者保护和信贷条件广告，促成了1986年12月22日颁布的第一条有关指令和1990年2月22日关于年均总实际利率计算的指令。1989年12月15日颁布的第二条指令，涵盖了广义银行业务的审慎要求以及在统一市场中的自由经营。除此之外，消费信贷也在其他领域受到间接影响（例如保护个人资料）。在消费者保护方面，北欧国家走在了前列。在这些国家，个人贷款对经济和社会的影响都非同小可。消费者协会的力量和经验，对家庭高负债水平起到了平衡作用。布鲁塞尔加强了对国家立法的集中指导，但有时却因强制执行而导致了问题。适合某一特定经济、社会和法律条件的法规，有时被放在完全不同的环境中强制执行。现行欧洲立法的危险之一，就是事无巨细都要管起来的倾向，附属原则（principle of subsidarity）不受尊重时更是如此。在这个有喜有忧的复杂过程中，市场参与者的希望就是消费信贷的积极作用得到更大程度的认可。

第十章　我们真的债台高筑吗

20世纪，消费信贷逐渐从过去一千年让有息借贷背上恶名的种种教条和信仰中解脱了出来。人们的态度转变了，信贷成为日常生活的一部分，甚至被视为促进增长和社会融合的一股力量，而这两者又使信贷获得了信誉。然而，到了20世纪80年代末期，信贷相对特殊的地位受到了威胁，笼罩它的是一片新的阴云：借债过度。借债过度可能造成经济和社会的双重后果。有些人认为消费信贷不仅对经济造成不良影响，个人更是深受其害。

经济现实

政府对法国人债台高筑感到忧心忡忡，其原因不只是担心越来越多的社会阶层，如年轻人和经济地位脆弱的人，屈从于信贷这颗既甜又苦的药丸。信贷的力量日益增大，从各个角度看都可能打乱国家的各种基本平衡，这是很危险的。信贷的增加同样可能威胁到法郎的稳定。但是，有些专家并不认为私人借贷能够对法郎产生如此大的影响，因为其总量仅占信贷总额的5.9%。尽管如此，仍有人声称法郎受到了通胀式信贷的压力，无法克服成本攀升造成的困难。在这一信心为主导因素的经济领域中，政府——无论带着何种政治色彩——都不可能允许这种怀疑态度持久下去（CNAF，1989，p.2）。

信贷之所以对法郎构成威胁，不仅因为它使各种货币总量膨胀，而且因为外贸赤字也因此加大。如果信贷主要用于住房和居所，就会给建筑业创造生产机会，而建筑业的80%为法国人所有。但是，录像机、音响、家用电器和家具十有八九是日本、德国或意大利的产品，因而属于进口。当政府正在尽全力恢复贸易平衡的时候，这种信贷就不合时宜了（CNAF，1989，p.3）。

这种纯粹从经济角度反对信贷的态度，可能不仅天真，而且是以20世纪的模式为依据的。然而，这种态度却为为数众多的重要人物所认同，由于其经济知识的肤浅，他们就越发认为有必要进行社会层面的干预。

法国今年的状况，丝毫没有证明消费信贷的增长，造成了通货膨胀的危险。相反，消费信贷增长强劲的年份，恰恰是通货膨胀呈现下降趋势的年份（表10.1）。通胀率下降，主要是因为私营部门实际工资增长极为缓慢，而工资中的社会支出却大幅上升。直到近些年，这笔支出一直是公共开支的主要资金来源，预算赤字因此得到控制。如果没有工薪阶层努力挣钱和纳税，无论消费信贷政策如何紧缩，都不可能减轻通货膨胀。当然，如果成本急剧上升或生产能力达到了最大负荷，宽松的信贷可能助长通胀的压力。但是，消费信贷自身的影响是有限的，且从来就不是主导原因。

表10.1　1981—1991年年度通货膨胀变化（%）

	1981	1982	1983	1984	1985	1986	1987	1988	1989	1990	1991
消费信贷	14. 0	25. 7	10. 1	15. 8	21. 5	39. 3	32. 8	23. 8	22. 4	5. 6	–2.4
个人消费物价指数	13. 9	11. 5	9. 7	7. 7	5. 8	2. 7	3. 2	2. 7	3. 5	3. 0	3.　1

消费信贷造成进口增加、因而间接威胁到本国货币的观点，也是站不住脚的。外汇汇率主要是资本流动的函数，而影响资本流动的是利率和预期，也就是对未来汇率的信心。经济过热可能削弱这一信心，从这个意义上讲，消费信贷可能产生一些小影响。至于物品和服务贸易的平衡，这部分取决于经济本身的竞争能力，即以生产成本为转移的变量；也取决于生产在多大程度上可以满足需求。问题的关键不在于抑制消费信贷，而是要增强竞争力。消费信贷率高，与收支盈余极为般配。日本的负债率达家庭可支配收入的20%，正是一个恰如其分的例子。这一比率既高于美国，也超过了德国，但日本的贸易平衡长期保持黑字。统一前的德国情况亦然。

还有人认为消费信贷至少是近期衰退的部分原因。根据这一理论，当人们债台高筑、政府货币政策紧缩时，消费者就会减少支出，从而造成需求减少和经济活动的萎缩。此外，呆账增加，金融系统的支付能力受到影响。20世纪30年代的大萧条后，这个问题在美国得到了深入研究。这些研究得出的结论是，消费信贷对危机的发生仅起到了微不足道的作用，但萧条本身却对个人贷款市场造成了严重破坏。那么,20世纪90年代初打击了一些工业化国家的萧条，又该如何解释呢？这次萧条从美、英两国开端，后来殃及法国,使由于结构造成的不平衡变得更为严重。

美国的萧条

1983年，美国进入相对高速增长期（约每年平均增长3%）。这一趋势一直保持到20世纪80年代末，仅略微出现了通货膨胀。但是，其经济出现了两大失衡且日益严重：经常账户赤字及与其相伴的巨额外债；以及自1945年以来最大规模的预算赤字。

1981年通过的经济复苏税法（Economic Recovery Tax Act）（ERTA），使20世纪80年代上半期的经济有所复苏。该法降低了个人边际税率，向储户和投资者提供了新的免税机会。这些措施促进了建筑业的扩展。该法把投资税信贷范围扩大到较为短期的资产，使得企业得以利用成本加速收回系统进行资本折旧。该法还允许“安全港湾租赁”（“safe harbor leasing”），公司即使没有应税收入,也可以享受税收信贷。租用住房的相关待遇已得到改善：该法降低了资本收益税,加速了折旧速度,鼓励扩大使用实际房地产税避税手段（real state tax shelters）,使个人得以通过“被动”的实际房地产损失，保住赚取的收入。这些修改大大增加了出租房屋投资者的收益（Akhtar & Harris，1992；Gabriel，1987）。

在这个周期中，金融不断放开，竞争日趋激烈，导致金融机构进一步衰弱（Gelpi，1987）。房地产建筑商和买家很容易找到用于经营的贷款。新的金融环境不仅助长了公司债务的增加，也推动了这一时期的兼并和收购浪潮。只要利息可以免税而红利需要纳税，公司就会选择信贷融资，而不是股份融资。

到了20世纪80年代末，各种旨在校正这些过度行为的措施出台，但同时，经济增长也因此而放缓。1986年，税收改革法（Tax Refort Law）取消了经济复苏税法给建筑业提供的若干资金优势，立竿见影地止住了投机热。随后，在一些地区，特别是东北部和西南部，出现了房屋供大于求的局面。价格暴跌，资产价值大贬，为数众多的借债人无力还债。这一危机的初步症状出现时，恰逢1987年股市崩溃，围绕兼并和收购而进行的金融投机因此停止。

货币当局掌握着金融机构日益脆弱这一局面。面对储蓄银行的危机，当局采取了更为严格和审慎的监管措施。股份资本比例要求提高，已经债务沉重的公司再要求借债，必须受到更为严格的审查。银行如果股本金过低或者不良资产量大，就无法继续获得业务增长所需要的资本。其结果，信贷下降，加速了经济周期的下旋运动。

除这些衰退因素以外，我们还必须考虑到军费预算减少、来自日本的竞争，以及自1990年夏以来由于担心伊拉克战争而导致的消费者信心危机。尽管信心危机并不严重且为时不长，但是造成了一段时期的经济放缓。1993年，在实际利率连续三年保持特别低下的水平之后，经济状况开始回升。金融机构调整了利润水平，恢复了向整个经济注入贷款的能力。

所有这些因素都与消费信贷相去甚远，消费信贷在经济状况的扭转中没有起到任何作用。此外,在转折点到来之前的几年里,还债支出占收入的比例一直保持低水平，与人们通常以为的截然相反。的确，消费信贷债务余额与家庭可支配收入的比例从1981年的15%，上升到了1988年的21%，而抵押信贷则从47%增加到50%。但是,这一增长主要集中在高收入、拥有多种金融资产的家庭（Kennickell & Schack-Marquez，1991）。此外，影响资金流动性、代表消费者偿债能力的还债率也在提高，只是幅度较小而已（Paquette，1986）。分期付款的消费信贷情况尤其如此。尽管直到1986年,利率都高于以往的经济周期,但由于免税措施,真正给家庭预算造成压力的其实是本金的偿付。还款期的延长减轻了还款负担,但增大了信贷余额。

直到1986年，大部分类型的消费贷款额度相对收入而言，都没有超出前一周期的水平。金融公司发放的新轿车购车贷款的平均期限从1975年的38个月,延长到了1986年的51个月,旧车购车贷款则从29个月延至43个月。利息在1975年相当于还款总额的31%，而1986年则上升至45%。这是因为尽管利率提高、还款期延长,但由于可以免税,贷款反而更为划算。1986年,消费信贷的利息支付款的免税规定被取消。这一措施的影响由于新增消费贷款增长缓慢而受到一定程度的削弱。家庭资本贷款——有抵押担保的循环信贷——因此受益,因为其利息仍然可以免税。

密执安大学应联邦储备局的要求，在1990年和1991年进行了两次调查。其结果表明,85%的家庭都借有一笔或数笔贷款。在这些家庭中,86%能够按期还款。被调查家庭的14%报告说至少有一笔贷款的还款出现过拖延。遇到严重问题的仅占3%,其中一半是因为借债过多，另一半则是遇到了严重的生活危机（离婚、健康问题、部分或全部失业）。尽管如此，调查显示，出现还债问题的大部分家庭并没有真正严重的问题，遇到的都是日常难题，在短期内就可以解决。我们不应忘记的是，这项调查是在萧条期间进行的（Canner & Luckett，1991）。

个人破产和信用局

这些观察得到了在整个20世纪80年代所出现的逾期支付周期的印证，这一周期与过去所观察到的别无二致。尽管如此，个人破产的数量却增长迅速：1982年这个衰退年份为311 000件，而经过七年持续增长后的1986年却达到了617 000件！破产对整个系统造成间接威胁，因为信守承诺的借债人遭到惩罚——他们不得不承担更高的利率，得到更为严格的审查。因此，近期的降息措施由于破产率的升高和因此产生的更大风险，没有用于某些类型的贷款，例如循环贷款。

个人破产数量的增加，可以解释为美国家庭空前负债水平的表现。这是往往敌视信贷的欧洲观察家的传统分析。可惜的是，这一分析由于过于肤浅而有失准确。当今的消费信贷是最具争议的交易问题之一，它要么被奉为一剂良药，要么被贬为经济和社会的异端。

联邦储备系统进行的研究，提出了可以视为典范的解释，对这一问题的分析大有助益。在1983年开始的扩张期，破产数量的激增与法律改革带来的态度转变相互呼应。自1898年以来就丝毫未变的联邦法，在1978年得到全面修订，1984年又进行了进一步修改（Luckett，C.A.，1988年9月）。破产法于1979年10月1日生效，对申请个人破产的人提供了更大程度的保护。改革旨在创造有利条件，使破产者能够“重新开始”，也就是消费者协会的所谓“崭新开端”。立法者认为，个人可以在两种情况下破产时不受惩罚：要么因为一件或数件生活变迁（疾病、失业、离婚、部分或全部丧失收入，等等），要么因为被金融机构逼得负债累累。在其中任何一种情况下，破产人都应得到重新开始生活的机会。

因此，1978年的法律允许个人在财务状况极为窘迫的情况下，根据破产法第七章规定的标准或第八章中的相关规定，提出破产申请。如果是第七章所规定的“纯粹”破产，申请一般予以批准，除非申请人被证明行为不轨或有欺骗行为。破产人过去的债务全部勾销，仅有极少的例外（最重要的是破产人仍有责任还清拖欠未缴的所得税或关税）。自提出破产申请的一刻起，不得对申请人再采取任何收债行动。一旦宣布破产，破产人的不受豁免的财产将被清算，款项用于支付给债权人（Luckett，1988）。

1978年改革的目的之一，是要增加免于收缴的物品数量及价值，以便让破产者保留一定重新开始生活的基础。联邦一级规定了免缴清单，各州又另立了各自的清单。破产者可在两者间做出选择，但有的州立法禁止选择联邦系统。免缴的物品种类及价值在各州之间相去甚远，通常包括的内容有：破产者的住所，以一定价值为限（马萨诸塞州1978年的法律规定为50 000美元）；工资的75%，许多州均有此规定；个人物品（衣服、家具、电子用品、书籍、乐器等等）；一定价值的珠宝首饰；一定价值的金融资产；工具或专业器材；人寿保险；医疗保险或失业救济，等等。简而言之，要保留最低程度的装备，而对许多欧洲人甚至中产阶层来说，这都是值得艳羡的。这些规定表明了人们更为意识到社会地位和家庭装备之间的联系，这种联系正是美国模式的指导原则。同时，我们也看到，在进行大西洋两岸的比较时，必须重视两者的相对性。

一般来说，如果一个人仅仅剩下免缴物品，就会选择“纯粹”性破产。其债权人得不到分文或所获很少，且没有法律规定的索赔途径。另一方面，两次“纯粹”性破产之间，必须相隔至少六年时间。但是，一次“纯粹”性破产后，可以进行一次或数次调整计划，也就是破产法第十三章所规定的那种破产。最后，一旦宣布破产，破产事实将在破产人信用记录中保留六年。

遇到财政困难的个人，可以根据破产法第十三章的规定，选择债务调整计划。这是在破产法官监督下与债权人议定的一种安排。借债人保证以未来收入偿还债务，但还债时间表必须适应其能力（取消部分债务，通常占债务余额的60%—80%，还款期延长，等等）。在这种情况下，财物不予收缴。债权人放弃所有依法索债的权利，至少在借债人按期付款的情况下如此。债权人亦不得累计利息或收取拖欠罚款。破产法庭通过受托人，监督调整后的还款计划的执行状况。行政费用由借债人支付，通常为补偿金额的10%—17%。

发生“纯粹”性破产后，也可能没有调整计划。禁止期限为六年，除非其间债务人偿清了至少70%的债务余额。但是，第十三章规定的破产发生后，可以紧跟着申请一次或数次同样类型的破产。这类破产在破产人的信用记录中保留十年。

在1978年破产法的具体实施中，弊端层出不穷，因为法院并未对债务人的诚信逐一进行严格审查。于是，1984年的修正案规定，如果法官认为债务人严重滥用破产法，则有权拒绝准予破产保护。但是，由于法律偏向债务人，而申请数量之大又造成了逐一严格审查的困难，因而消费者的自律就成为维护这一系统的唯一保证。为了鼓励一定程度的社会责任感，必须实行具有相当力度的惩罚措施，以戒滥用法律的行为，鼓励人们把破产作为万不得已之策。破产纪录在个人信用报告中，而这一报告在美国生活中又具备特别的重要性，这就导致了两项调控措施的诞生。首先是无所不在的信用局。

美国的信用局是私人机构，它们收集数据，并根据数据整理出一个人的信用历史（既往和现在的贷款、还款是否准时，有无拖欠、破产等）。信用局还收集有关个人生活和工作的数据，特别是警察或犯罪记录。但是不能得到银行账户的数据。在这些信用局中，规模最大的（Equifax，TRW，Trans Union）拥有几亿消费者的档案。最早的信用报告可追述至1900年。从1920年起，信用局开始统一，并在1965年实现了计算机化。大部分信用局都是信用局协会的成员，协会负责组织和协调成员间的信息交流。信用局的活动受到1970年公平信用报告法的规管。

信用局收集的数据在美国人的生活中起着举足轻重的作用。个人信用报告中所含信息不仅在贷款发放过程中起着决定性作用，同时也是衡量个人责任感的重要标尺。如果档案中出现过一次或数次破产纪录，其不良后果不能仅以金钱衡量，因为总会有这家或那家金融机构愿意提供新的贷款。破产市场甚至成了某些银行的一项有趣的业务，因为这个市场利息高，而且已经得到了破产“免疫”。和以往一样，任何针对某些形式的过度消费行为而采取的保护措施，最后都会因为市场上的极端行为而在实践中走样。更为重要的是，一个破产者很难找到住房，或是被一个体育俱乐部接纳，或是把孩子送入私立学校，当然，更难更新信用卡。工作也可能受到极大影响，升迁的前景渺茫，人人对他戒心重重。但是，最新的公众调查显示，对破产的社会偏见已经有所缓和，申请破产不再是一件颜面丢尽的事。

尽管反对个人破产的传统依在，信用局的信用评级深入千家万户，新的法律还是造成了大量破产案，而且这一趋势仍在继续。接受如此众多的破产案，美国的系统是不是出现了失衡呢？美国有关部门正在着手调整破产法的一些细节，但并未压制所谓的个人过度借债行为。

如果欧洲能够从美国在消费信贷的最新进展中有所裨益的话，或许就应该在消费者保护立法过程中，谨慎从事。

英国和法国的案例

与美国相比，英国的萧条更为严重，持续时间更长，但最近经济状况的好转是与美国同期开始的。周期的第一阶段从1983年开始，持续到1989年，其间国内个人需求增长强劲。实际收入增加、减税以及金融系统放开增加了贷款供应，都刺激了消费的增长。

金融开放对房地产市场影响巨大。1980年前，建筑商协会按照市场配额制度，对抵押贷款实行管理，利息低于市场利息。尽管贷款利率低，但申请人不得不排起长队等待获得贷款。1980年，存款管制被取消，银行进入了竞争日益激烈的市场；排队现象没有了，利率与其他信贷市场统一起来。

抵押贷款的大量供应，加之其他促进住房发展的措施，引发了房地产的严重投机行为。20世纪80年代“购房权利”立法的通过，以补贴便利住户购买政府公共住房，使全国人民都卷入了这场投机泡沫。同时，政府减少了建设或翻修公共住房的开支。房屋出租市场萎缩，年轻人不得不在工作不久就购买自己的第一套住房。抵押贷款利息可以免税（以30 000英镑贷款为限）；如果房主已经有至少一年的居住史，则房地产销售的资本收益可以免税。于是，1980年到1989年期间，130万人实现了居者有其屋。所有这些措施以及由此引起的投机泡沫，使房价的增长超过了通货膨胀增长。

许多家庭受到乐观的经济预期的鼓舞，常常用六七年就还清了第一笔贷款，紧接着又申请更大一笔贷款，搬进更大的住房。需求的增长造成了价格的上升，而对涨价的预期又促使人们尽量早买！那些借债购房的家庭，为了装修和装备新家又负担了更多的债务。他们以其资本收益作为抵押，通过正在发展中的二次抵押贷款系统，获得了更多的贷款。随着资产价值的提高，这些家庭变得更为富有，但同时也更容易受到利率和收入变化的影响。储蓄率骤降，股票市场的资金和任何经济蓬勃的时期一样，大多靠贷款供应。

1989年，经济周期开始走下坡路。货币政策收紧，以便缓解价格和成本之间日益尖锐的矛盾。银行优惠贷款利率从1988年5月的7.5%，上升到同年10月的15%，此后的一年里一直维持在高水平上。利率的增长不仅给家庭还款造成了极大困难，产业部门也未能幸免，利用贷款的新增支出明显下降，尤其是房地产和汽车领域。接踵而来的房地产价格下跌和偿债负担的增加，使家庭预算吃紧，还款拖延的现象大量出现。许多抵押房地产被银行缴没，这又进一步恶化了价格的下跌。所有这一切——经济减速、股市疲软、英国进入全面衰退——在很大程度上都是居者有其屋的愿望和贪于投机的结果。

1990年10月，正当经济走入低谷、海湾冲突使人心惶惶之际，英国加入了欧洲货币体制，同时又采纳了提高汇率的政策，以遏制通货膨胀！这进一步挫伤了需求，利率出现新一轮增长，使本已沉重的企业贷款成为更为沉重的负担。

1984年年初到20世纪90年代中期，英国经济产生了300万个就业机会；而1990年年底到1992年年底，其中100万个已不复存在。衰退使大量原本生活幸福的负债家庭，变成了不堪债务重负的家庭。房地产梦破灭，而英国的大部分抵押贷款实行的是浮动利率，这些家庭的生活因此一落千丈。

值得注意的是，常常被认为比房地产贷款更无节制的消费贷款，却与危机的发生毫无瓜葛。危机前几年消费贷款的增加，并无不合理之处；衰退开始后，这类贷款甚至减少了。让英国家庭充满幻想的泡沫，主要是抵押贷款造成的。银行缴没住房后整条街的房屋“大售卖”的惨景，也极少是消费贷款的过错。但是，和其他衰退的情形一样，消费贷款的风险增大，因为抵押贷款成本的提高，首先影响的就是信用卡的支付，然后是汽车的定期付款。所有研究都得出了一个相同的结论：陷入财政困难的家庭会牺牲其他支出，尽其所能偿还房屋贷款。因此，英国房地产危机首先表现在消费信贷的风险加大上。这表明，消费贷款永远都是经济、社会现象的替罪羊，而它既不是这些现象的成因，也不是医治这些现象的药方。

法国的危机比英国滞后两年，但危机前，由于第二次石油危机出现过大量失业，并在20世纪80年代后半期日趋严重。在此期间，法国经济被两股力量拉扯着。一方面，单一欧洲市场的筹建和经济的全球化加剧了竞争。另一方面，税务负担达到了所有工业大国中的最高水平。即使其他因素保持不变，这已足以降低竞争能力。尽管如此，工资的缓慢增长，缓和了生产成本的提高，法国产品因此得以继续保持了一段时期的竞争优势。但是，到了20世纪90年代初，欧洲经济开始明显放慢增长步伐。法国的公司面对高额税赋、坚挺的法郎和天文数字似的实际利率，遭到了国际竞争的沉重打击。与此同时，其他国家发生在房地产领域的经济泡沫开始破灭。公司纷纷减少成本过高的投资和裁员，以增强竞争能力。1993年初经济下跌时，失业也达到了300万这个象征性的临界水平，20世纪60年代就已销声匿迹的贫困在法国和其他欧洲国家卷土重来。

从1992年底起，这种经济环境使家庭消费锐减，个人所得税和其他社会税负的增加更是雪上加霜。其后果，家庭负债水平降低，预备性储蓄增加。消费信贷不可能对这些现象负有任何责任，也没有受到这样的指责，与以往的情况形成了鲜明对比。这似乎证明，社会整体意识经过三年前对有关过度借债的尼埃兹法的大辩论，已经学会了如何更好地分析经济问题。公众似乎已经接受了这样的观点，即消费信贷只是一个工具，既不是社会道德的大敌，也不会威胁社会的平衡。

1992年年底开始的法国萧条，对负债家庭的经济状况不无影响。由于失业，特别是丧失得到失业救济的权利，向省议会（Departmental Commissions）提出不堪债务重负申请的人数大量增加。

过度借债是一种症状

1992年生活状况观察研究中心（Centre de recherche pour l'étude et l' observation des conditions de vie）在危机发生前进行的一项研究表明，法国人对信贷感情深厚。其他工业化国家进行的调查也显示了同样的结果。但是，尽管人人承认在当今世界如果没有信贷，日子就会难过，但有了它也不见得就容易。

家庭遇到还债困难的原因多种多样。有些是由于各人的习惯：家庭开支安排不当、消费没有节制，或是赌博、酗酒等社会问题。但是，造成经济困难的最重要的原因，是离婚或分居造成的家庭破裂。由此产生的突然失衡往往使家庭陷入重债。原本由夫妻两人依赖实现自我或——按美国的说法——事业成就而共同负担的贷款，在两人分手后便成为难以承受的重负。首先，固定开支（由于家庭一分为二）增加；其次，贷款余额令人想起已成历史的美好生活，往往成为感情纠葛的发泄对象。法国600 000个过度借债申请中，有一半属于此类。

过度借债的案例有1/4属于家庭收入过低，入不敷出。真正贫困的案例占8%，收入低或依靠失业救济的案例占16%。有些人借贷时，不是高估了自身的经济能力，就是低估了实际还款总额。金融机构有责任让潜在的借债人了解情况，使他们对自身的支付能力有个现实的认识。但是，要做到这一点，贷款申请人首先要加入这种“对话”，避免虚报收入。

同样，有些家庭“寅吃卯粮”。这种人自古有之，但只占高风险贷款的一小部分。过度消费者从来都被认为是不断制造新需求的消费社会的必然产物。英国进行的慎重研究（Berthoud & Kempson，1992）表明，这一问题实际上无关大碍，涉及这类问题的往往是富裕阶层的年轻家庭，他们总能找到办法渡过一时的难关。在这种情况下（法国金融机构对此大皱眉头），许多人在尼埃兹法通过后提出了过度借债申请。不少申请人颇为富有，他们希望省议会可以给他们提供一条走出困境的途径。某些鼓动“击败制度”的报刊，也积极鼓励人们采取这样的行动，说这样做百利而无一害。从某种角度看，我们可以看到反信贷的道德陈词又在重演，但另一方面，这不过是煽动欺骗行为的宣传。一些人果然响应这种鼓动，特别是那些急于不择手段挣钱的公务员或年轻经理们。这真是社会和哲学虚伪的集大成者！这种过分的行为幸而没有持续多久，但我们不能忘记消费信贷平衡的极端脆弱性。

经济因素是真正借债过度最为令人痛苦的成因。这些因素可能是长期的，也可能是暂时的。贫困或收入低下属于前一类，而失业或疾病（同时又没有医疗保险，如美国的一些情况），则属后一种情况。可见,危机或萧条时期,债务过重的风险会急剧加大。在这样的时候，美国的个人破产法或法国的尼埃兹委员会等专为此而建立的机构和制度,才能真正显示其社会功能。在其他时候,同样的机构则可能遇到甚至引发公众完全不负责任的行为，而后者对经济和社会都可能造成灾难性后果。

贷款发放条件或贷款管理上的变化，也可能对过度借债产生影响。金融机构的放开一方面刺激了竞争，但另一方面也促使信贷机构为赢得市场份额或仅仅为保住已有的位置而承担各种各样的风险。轻而易举就可到手的贷款，可能导致信贷的异常增长。有些家庭禁不住诱惑，越来越多地贷款，以应对已经到期的还款。近年来,这样的现象屡见不鲜,有的是英、美那样的典型消费债务的抵押整合（mortgage consolidation），有的则像法国一样，出现了一系列商业银行的不负责行为。有些贷款手段也会使债务过重：月还款额逐渐增加，是在住房贷款中广为应用的办法。由于其依据是通胀式的工资上涨,而工资的实际增长速度要缓慢许多,因此至今这种做法仍然是家庭预算失衡的原因之一。

最后,如果管制过度借债的法律本身过于宽松,就可能让一些个人（形形色色的“花钱如流水”的人）采取不负责任的态度，想尽办法规避偿债义务，最终陷入重重债务不能自拔。这样的法律还为“欺诈者”提供了可乘之机。美国修订破产法和法国尼埃兹法生效不久后,都出现了这样的情况。

这一现象的社会心理学特点使其难以定义，但是美国和近期法国的研究表明,信贷供应过于宽松或广告宣传力度过大,就会降低经济实力较为脆弱客户的还贷意愿。尼埃兹省议会日复一日经历的一切就是这方面的启示：在大部分案例（生活意外除外）中，无论从社会职业的角度还是从扣除固定支出后的可支配收入来看，负债过重的人的情况，与那些按时还债的大多数人相比，无甚差异。通过质量研究对这一现象进行更深入的分析后，可以发现负债过重这一心理感觉，往往是意志突然消沉造成的。换言之，到了一定程度，人们就会选择放弃努力。对这一点，不要误解。我们不是要否认法国省议会这类机构在发生生活意外时或者绝对贫困问题日益严重的情况下可以发挥的必要社会作用（在后一种情况下，供电、地方税或儿童餐食比消费信贷更重要）。相反，我们所指的是丧失了解决日常财务困难能力的一种态度。有些家庭存在这样的态度，而规管过于宽泛则增加了其发生频率。至于家庭预算，如果安全网过于牢靠，就会在某些人群中间滋长依赖心理。由于家庭预算是社会融合的核心问题，我们不禁要问，除了生活意外之外，对消费者实行过多的保护，是不是弊大于利呢？

尽管如此，一旦出现借债过度的情况，人们总是倾向把罪名放在信贷机构的头上，它们成了必然的替罪羊。当然，贷方和借方都应承担责任，但信贷方不可能单方面找到解决办法。他们既非问题的唯一原因，也非问题的唯一出路。此外，放在经济平衡的总体格局中来看，家庭的债务重负似乎成了掩盖社会和经济弊端的说辞，但是这本身就是一个社会问题，而且在危急时还会恶化。幸而法规排除了某些欺诈行为，更为可幸的是实行了有效的信贷管理手段，借债过度的情况仅占贷款总数的一小部分。真正出现这种情况时，也大多是因为在信贷之外的其他不幸遭遇（离婚、失业、疾病等），而不是什么社会罪孽。从这个角度看，借债过度更属于病症，而不是疾病本身。

与人们通常的认识相反，信贷机构并不依赖管理坏账来盈利，而是因此而亏损。这种亏损有时甚至危及其生存，中、小型专门机构的情况尤其如此。因此，为了自身的利益，它们必须在发放贷款的时候，利用现代的信用计分方法，核查信贷记录，缜密研究客户的预算情况，对每一笔贷款申请精心甄别筛选。拒贷的比例当然要视信贷种类而定：家电产品租购的拒贷比例约为15%，而个人贷款则可能有50%遭到拒绝。这不仅表明专门机构的极端审慎，也说明他们认识到自身的利益，与能够按期还贷、从不过度借债的客户息息相关。

如遇不测，它们也懂得如何为大多数的客户找到应对的办法。其利润的一部分就是专门用来救急的。其比例不大，在法国约占总利润的1.5%—3%，英、美的比例略高。这也反映出负债过重不论在经济上还是社会上，都是一种有限的现象。消费信贷仍然是社会融合最为有效的手段之一。为使其发挥经济效用，控制信贷的部门就必须遵循市场的法则。换言之，也就是利润和资金能力。信贷机构不是慈善组织，不可能承担“人间一切悲凉”。尽管这些机构努力提高效率，但其利润率很低，而且还在降低。认为消费信贷可以成为政府救助的替代，是常见的误解。过去济贫当铺的思维在今天的某些经济活动中仍然余音不绝，最近不就出现了“人民银行”运动，提出了相当于信贷“社会保障”的新互助思想吗？

如果经济政策无法解决失业、扭转萧条而造成借债过度，那么唯一的解决办法就是让经济重新回到增长的轨道上。其他的一切不是社会幻想，就是政治信念有误。治标不治本，不是良医。

结论

消费信贷或其同类事务，一向是社会关心的一个中心问题。在古代，它象征着从赠礼、易货和传统部落制度向最早的城市化的过渡；到了现代社会，它成为西方工业社会衡量家庭物质生活的一杆标尺。其中心地位从未改变，这也是信贷在社会经济史上和思想史上担当了重要的角色的原因。奇怪的是，理论和实践在这个问题上本应步调一致，但实际上却是一千年来争议不休。社会似乎罹患精神分裂症，一方面接受了这种共同生活中不可或缺的日常活动，另一方面却以哲学思想的名义对它大加谴责。如此根深蒂固、影响广泛的偏见，实难再找到第二例。

直到近年，立法的进程才缓慢开始，公众才开始围绕规范这一领域的法律进行讨论。这一进程首先从美国开始。在大学开展的深入研究的基础上，各有关方面争鸣辩论，各种观点、意见、反对意见和呼吁纷纷登场，最终的结论也因此而具备了合法性。这并不意味着万事大吉，但美国社会以客观态度对待各方观点，没有其他地方所背负的罪孽综合征。

美国的经验在消费信贷史上具有中心地位。从边疆的缝纫机到无所不在的信贷所，从贷款黑帮到个人破产诈骗，从租购的发明到信用卡的诞生，这个巨大和五花八门的市场为我们提供了最佳的参考。欧洲专业人员不断从美国取经，就是这一点的证明。信贷的诋毁者——同样是欧洲人——抓住他们认为的市场过度行为来勾画信贷的负面形象，也可以说明同样的问题。因此，美国的消费信贷在服务方面是令人鼓舞的榜样，在消费主义问题上又起到了守护者的作用。这种双重性正是笼罩在现实之上的思想辩论的特点。

信贷特别是消费信贷在历史上的每一个重大进步，都与一个经济发展中心息息相关。《汉谟拉比法典》如此，西哥特时期加泰罗尼亚的教会记载如此，佛罗伦萨圣安东尼的经典论述以及边沁反对限定高利贷利率的斗争，也不例外。时至今日，以社会合理化为特点的美国亦如此。

与世界其他国家相比，美国信贷手段和产品的进步更为迅捷、激进。多少世纪以来，消费信贷起到的无非是过渡贷款的作用：是一种必需，只要渡过一段艰难时期；一句话，过渡。因此，无论正规市场还是灰色市场，都存在大量不轨操作（“因此”的结论是边沁得出的）。其结果，是以社会救助为本分的英国典当制度和以慈善为宗旨的法国济贫当铺的双重失败。

与既往的失败经验相反，美国提出了要建设未来，要通过租购销售把家庭装备起来。中心着眼点从渡过难关，转变为通过改善家居条件保证生活的舒适和社会地位的提高。但是，代表这种态度变化的最佳范例却是汽车。消费信贷成了推销员、生产商或分销商的业务。市场的行话中出现了“钓鱼”（captive）（与生产商通常是汽车生产商相关联）和私人代理（与分销商通常是百货商店相关联）的说法。曾几何时仅为家庭为渡过难关而利用的手段，逐渐成为购买商品的合理办法。这种办法与工资的概念齐头并进：精明的家庭收支计划，围绕月工资收入和月付款额而展开。家庭依靠继承遗产增添装备的旧社会模式，被个人自主获取所代替。其必然结果是，信贷受到年轻夫妻普遍欢迎，因为他们恰恰是需要为了生活而装备起来的群体。

接着，从20世纪60年代开始，家庭装备的方式花样翻新：小木屋里的缝纫机或是战后时代的私人汽车不再是社会地位的象征，而是成为生活必需。消费需求开始多样化，而且不仅限于物质需要：家庭装修、度假、文化、教育甚至于医疗。这一趋势日益显著，并在信贷中得到反映。租购销售对某些领域是完美的手段，而各种不同形式的个人贷款和信用卡则更适应新型生活方式和消费的需求。家庭预算不再只为艰难时期为计。而是成为了家庭自由和独立的象征。这一趋势接着加速发展。多年来经常听到的关于消费下降的哀叹，只要考虑到当时经济状况的影响，就可看到那不过是顽固拒绝生活新趋势的表现。昨天的地位标志是汽车和不锈钢厨房设备，今天则变成了度假和运动；而文化已经直截了当地成为了未来地位的代表。形式多样、适应性强的消费信贷，似乎已经为迎接未来整装待发。

这些新的信贷形式产生了特定的结果：首先，个人贷款的发展在其最广义意义上（无论是信用卡还是传统的耐用消费品），都与总括一个家庭还贷能力的信用计分制度直接相关。这一计分系统的中心要素是稳定性（就业、银行账户和居住地点），这反映了信贷专业人员的审慎以及消费信贷的社会功能。

其次，个人贷款是伴随银行进入这个市场而产生的。20世纪80年代末法国的例子，很好地说明了市场中的新手对风险评估的无知。尽管如此，衡量市场进步程度的最佳指标之一，仍然是从以具体商品采购为目的、在销售发生时议定的贷款，向以家庭预算平衡为依据的一般性贷款转变的进步趋势。这种一般性贷款越多，信贷就越是在更大程度上融入了社会各阶层的生活，也就具有了更大的合理性。在这方面，美国、德国和荷、比、卢三国名列前茅，销售性贷款仅占贷款总额的10%，而法国、英国为1/4，意大利则达1/3。

消费信贷的价值，在于它可以融合家庭，可以给家庭装备供资，并提高他们的社会地位。简言之，让家庭实现自我。这正是英、美官方报告，特别是1971年的克罗德报告的结论：信贷是社会流动最有力的推动者之一。即使在过渡贷款的年代，信贷也是遭遇不测时的安全网。租购销售把信贷改造为装备家庭的手段。正因为租购，千百万城市新家庭得以新生活伊始就得到了最起码的舒适生活。接着，随着所谓消费社会的发展，生活的各种需要开始得到真正满足，信贷的各种手段和产品也随之发展，并成为现在的消费信贷。

20世纪20年代，汽车和家用电器业形成了消费信贷现象；从20世纪50年代起，整个社会都在享受其成果了。社会学家把成功定义为美国模式的主要特征，而这又与精明家庭收支计划的概念密切相关。与成功概念相适应的，是社会向中产阶层发展的趋势，也就是在消费和消费融资基础上实现的一种普遍的成功。今天，人们动辄就谈经济发展水平和民主之间的关系，其实从微观到宏观的转变也有同样的道理：普遍得到信贷推动的家庭经济水平的发展，是一个平衡的社会的最好表现。

信贷的不断变化，经过了一个缓慢而且时进时退的过程。在对消费信贷进行的这一历史观察中，有一点逐渐清晰起来，即当社会由于这样或那样的原因而遇到困境的时候，信贷的社会效用总是被当作替罪羊。《圣经》中的禁令恰逢社会巨变的时期，教会神甫的谴责萌生于帝国的腐朽。而在不远的过去，每一次周期性衰退都引得道德家们高唱反对信贷的老调。在通胀时期，信贷遭谴责；在衰退时期，又指望它创造奇迹！毫无疑问，无论在哪一种情况下——且不论日常信贷的规模之小，都不是信贷启动了消费，而是消费呼唤了信贷的诞生。

在中世纪，大瘟疫本身就足以成为把高利贷者处以绞刑的理由。而今年，把信贷紧缩指责为失业的元凶之一，成了时髦的说法。社会遇到任何危机时，信贷都会遭到责难：只见现象，并把世界的罪恶都加到它的头上，实在易如反掌……此外，搬出陈词老调显现博学又十分保险。每次新的机会都会带来新的、当然是应时而修订过的陈词泛滥。圣巴塞尔的毒蛇被当今的过度借债者代替，但其形象在本质上仍是负面的、可憎的。欧洲的情况尤其如此，犹如教会的谴责之声在岁月的隧道中余音不绝。这种几乎恶毒的名声专门用在信贷专门机构上，而银行却因为其他产品得以幸免，但它们才是信贷市场中的大玩家！

我们对信贷爱恨交加，充满偏见的形象和完全不同的现实之间不断发生冲突！实际上，这一形象的负面寓意来自于两股哲学思潮。首先是《圣经》的传统，针对的是收取利息的信贷本身。

其次是根据穷理查的原则把消费视为破坏的观点。

到了20世纪60年代末，法国最大的消费信贷公司的广告部门，最为热衷的活动就是尽量避免使用“信贷”一词，取而代之的是供资、贷款、付款吃劲、轻松的还款条件等。信贷公司甚至处心积虑地使用无寄信者地址的信封，以免客户因为与信贷公司的牵连而名声受损！这种态度直到新的营销部门认识到真话总是胜过花言巧语时才得到扭转。

在三十年的时间里，“信贷”成为日常用语，甚至几乎恢复了其原意，即相信（未来）。旧有的禁令就像内萨斯的战袍，仅仅提醒我们记住信贷被通常认为的特点：信贷不便宜。近来出现了旨在“利息公开”的一窝蜂立法活动，其论调只有一个：为了金融透明，在普通人看来不现实的利率必须公开。其结果，即使专业人员也开始把自己工作的“社会地位降格”。

信贷公共形象的根本问题，在于人们难以理解以钱买钱、以钱付钱。这当然意味着提供信贷者，必须以信贷融资的使用对象来标定其产品。信贷辩论真正取得的唯一进展，就是今天的人们已经不相信无息信贷，认为在开放性的竞争中，这其中必有蹊跷。这等于完全推翻了《圣经》的戒律。

第二种负面形象与消费本身相关。大部分词典把“消费”定义为“以浪费的方式毁坏”。从本杰明·富兰克林以来，欧洲的认识大多集中于破坏而不是使用的观点。尽管如此，“消费”还是作为一个经济总量保留了下来。对许多思想家来说，这个总量代表了西方社会近期历史，也就是所谓消费社会的特点。

今天，集体的潜意识中又开始出现批判的态度：一方面，是摒弃摇钱树的极端保守派——尽管其程度有限；另一方面，则是较为普遍的避免被排斥于社会之外的心理。这些趋势只能因当前的危机而进一步强化，因为危机除了带来周期性衰退以外，还会因导致失业而破坏社会均衡。尽管如此，消费社会带来的物质享受却没有受到质疑，遭到质疑的是物质利益的分配和某些奢侈的消费形式。

这正是为什么法国的专业人员更喜欢使用家庭装备信贷的说法，但这种字斟句酌却适得其反。当今社会，日常生活的对抗力量由“消费者”协会构成，家庭装备越来越牵涉到家庭预算和信用卡之类的相关产品。在这种情况下，他们势必受到怀疑。他们自己并未意识到，如果他们的说法比“消费信贷”得到更大程度的认可——尽管这极不可能，他们就会被拖回到正在消失的市场行为去。

这种对“消费”一词寓意的惧怕，正如三十年前对“信贷”的恐惧一样。对这个词意义的限定，以及它包含的陈旧负罪心理，恰恰欲盖弥彰地显示出它想掩盖的意义。消费信贷越是像在禁止放债的年代里一样乔装打扮，就越可能唤醒旧时代的阴魂；它越是坦坦荡荡，就越有可能被就事论事地接受，被简简单单地视为支配家庭预算的一个工具。

的确，如果消费信贷的公共形象面临着危险的话，这一危险应该是它可能象征着的社会排斥，而这又和家庭装备联系在一起。与借债过度——家庭萧条的主要症状之一——接踵而来的，是生活的匮乏。如果失业居高不下，未来就很可能出现两元社会。到时候几乎肯定会出现某种形式的信贷支持系统（类似今天的收入支持系统）。北欧最为活跃的消费者协会正在积极推动最新的信贷权利，即所谓的“人民银行”（由一种新互助主义机构把信贷的社会功能推进到极限）。这也是美国政府当前正在考虑的问题之一，即所谓“政治正确”比例，要求贷方不得排除任何少数群体。于是，消费信贷或者说其形象，再次成为与它毫无干系的社会状况的替罪羊。

脚踏实地的美国人找到了适当的说法：信贷紧缺。这个概念可以作为研究个人贷款的工具，紧缺的根源与其说是贷方头寸不足，毋宁说是一些潜在的借款人缺乏还债能力。

当然，倡导消费信贷的主要原因是社会的融合，但信贷绝不是慈善机构。规管信贷的法规总是以防止滥用信贷为宗旨。在汉谟拉比法典中，论述的中心是对沦为债主奴隶的欠债人提供保护。古代的其他法典大部分都是为了规定利息的上限。在当代立法中（有时因市场的枝节问题而订立，如1957年比利时关于贷款利率的法律，以及1978年法国关于客户资讯的法律），最重要的内容往往是确定和公布利率，并经常规定上限、合同形式、提供给客户的斟酌时间、各方特别是销售人员的责任，以及合同的细节（如到期前的赎买、逾期还款宽限期、法庭的作用，等等）。

近年来的趋势是在回收债务领域进行立法，美国如此，法国亦然。首要目的是防止不轨行为，其次是为客户提供以借债过度为由而撤出合同的途径。这方面的立法有法国的尼埃兹法和美国的个人破产法。救助的观念在其中悄然抬头，起到了双重作用：对放贷者来说，他们必须承担他们原本没有或极少承担的社会责任。这就意味着他们必须通过让一些客户付出更高代价来帮助其他客户。对借贷者来说，他们有可能不负责任，甚至欺骗说谎。

在消费信贷这样一个社会敏感领域，美国和法国的最新立法似乎都达到了极限。一方面，这些法律无疑为一定数量的客观借债过度客户提供了更为宽厚的解决办法，并以更为公平的方式对待各种不同的放贷者（当然国有机构仍享受特权。在如此类似于社会工作的领域中，这样做至少是令人费解的）。另一方面，这些法律很可能动摇了一种基本社会心理平衡，即个人在社会融合中的责任。美国实施个人破产法和法国实施尼埃兹法后家庭采取的松懈态度，似乎正是这一点的表现。在此情况下，美国的信用局开始采纳普遍家庭信用定级系统。尽管引起了一些小麻烦，但我们从实践中已经看到这一系统产生的振奋和树立道德的作用。一方面，某种社会规范得到大力提倡；另一方面，对成就进行统计评估得到了鼓励。消费信贷尚未完成对社会健康的衡量工作。

在做出这类结论时，我们必须谨慎从事，因为我们必须从长远着眼。尽管如此，分析消费信贷论及的问题居然具有如此强烈的社会性特征，不能不令人感叹。20世纪20年代的焦点问题是工业分配，到了“三十年代的黄金岁月”，人们关心的是货币平衡。而近20年来，一切都围绕着这个问题展开。

前两阶段进行的长期公共辩论，导致了消费信贷的经济立法。主要的参与者得到认可，也因此担当了更大的责任。我们应该乐观，在信贷史中的短暂徜徉也令我们乐观。如果能够使家庭对自己的未来更为负责，今天的疑问就不是徒劳无功的。把一家之主合理地视为基本社会细胞创业者的日子，已为期不远。消费信贷与其他产品和服务一样，将在这一进程中发挥自己的作用。

附录1

谚语中的信贷形象

选自《谚语格言词典》(*Dictionnaire de proverbs et dictons*, les usuels du Robert, Paris：Le Robert, 1993), 以及《加泰罗尼亚谚语格言》(*Proverbes et dictions catalans*, collected by H.Guiter, edited by R.Monel, 1969)。

借债是贫穷之长子。(非洲)
一笔坏债,如同一面破镜。(美洲)
债务是割断友情的利剪。(阿拉伯)
放债滋生仇恨。(阿拉伯)
借债娶新娘,儿孙还债忙。(阿拉伯)
讨旧债,结新仇。(加泰罗尼亚)
借债须还债。(加泰罗尼亚)
债务请进户,收成不进门。(加泰罗尼亚)
花的超过挣的,最后落个空的。(加泰罗尼亚)
借债在手,痛苦在握。(加泰罗尼亚)
万千思绪不抵债。(加泰罗尼亚)

赊账买东西价钱高。(加泰罗尼亚)

欠债还债,富裕发达。(加泰罗尼亚)

欠债还债,福荫子孙。(加泰罗尼亚)

债清信誉在。(加泰罗尼亚)

借债农民永无好年景。(加泰罗尼亚)

利息如猛兽。(加泰罗尼亚)

借债建屋,卖房还债。(加泰罗尼亚)

借债还债,金玉满堂。(加泰罗尼亚)

还清债务才知自己财力。(加泰罗尼亚)

躲债斋月都嫌短。(加泰罗尼亚)

借债则不知礼。(中国)

无边苦海不抵债。(荷兰)

用别人的钱等于自找麻烦。(英国)

宁施一先令,不借一英镑。(英国)

除非君要替我还债,否则休提我的债。(英国)

借钱给朋友,则钱、友两空。(英国)

借钱给朋友,要么钱、友两得,要么钱、友两空。(法国)

借钱者永远为友,欠债者永远为敌。(法国)

借出去的钱,泼出去的水。(法国)

借针出去而不取抵押的人,必不识针线。(法国)

贷款不是预付款。(法国)

要借钱就不能挑三拣四。(法国)

欠债就是一无所有。(法国)

坏债户当不了好债主。(法国)

一百磅的悲愁，也抵不了一个苏的债。（法国）

只要欠了债，就会不停伸手要。（法国）

旧债比新瓜甜。（法国）

还债才能发财。（法国）

好借就有好还。（法国）

借不如买。（法国）

要出铁匠铺，先掏马掌钱。（法国）

旧债胜过旧仇。（盖尔人）

借债不还，迟早后悔。（德国）

三件事不请自进门：债务、老年和死亡。（德国）

宁做一个苏的主人，不做两个苏的奴隶。（希腊）

即使旧债也变不成礼物。（匈牙利）

欠债是最大的贫困。（印度）

信用死于借债不还者之手。（意大利）

没有好贷款这回事。（犹太人）

千思万绪不抵一笔债。（犹太人）

旧债不还，新债变旧。（拉丁美洲）

借钱为友，还钱为敌。（立陶宛）

借债生小偷。（马达加斯加）

借债人门前永远有恶狗。（马达加斯加）

债务是男人的当家人。（波斯）

宁肯饿死，也不借债活着。（波斯）

四件东西我们拥有的比想要的多：罪孽、债务、岁月和敌人。（波斯）

既不欠富人的钱,也不借钱给穷人。(葡萄牙)

借债人的最大美德就是还债。(俄罗斯)

借债喝酒,等于双倍地醉酒。(塞尔维亚-克罗地亚)

借钱让笑容消失,让哭泣回来。(土耳其)

千滴泪珠不抵债。(土耳其)

附录2

表1 主要工业化国家的消费信贷：1992—1995

	消费信贷余额							消费信贷余额/家庭可支配收入（%）			
					增长率（%）						
	1992	1993	1994	1995	1992/3	1993/4	1994/5	1992	1993	1994	1995
西班牙（10亿比塞塔）	5 004	5 368	5 408	5 756	7.3	0.7	6.4	12.2	12.1	11.8	—
美国（10亿美元）	802	864	989	1132	7.7	14.5	14.4	17.8	18.0	19.7	21.3
法国（10亿法郎）	378	383	394	409	1.3	2.8	3.8	7.8	7.7	7.7	7.6
意大利（10亿里拉）	34588	3213	32712	36132	–6.0	3.7	7.2	3.0	2.9	3.0	2.8
日本*（10亿日元）	71538	74105	74911	74800	3.6	1.1	–0.1	23.2	23.4	23.2	22.7
荷兰（10亿弗拉林）	20	20.5	21.4	22.1	2.5	4.3	3.8	5.7	5.8	5.8	—
西德（10亿马克）	324	346	363	371	6.5	5.1	2.0	16.1	16.5	16.9	16.6
英国（10亿英镑）	53.5	53.3	58	65	–0.4	8.9	12.0	12.3	11.6	12.3	—

*不包括住房贷款；来源：西泰里姆公司（Cetelem）国际部，1997。

附录3

表2　消费信贷利润率

净佣金	12.6
经再融资成本	–4.4
财务收益	8.2
行政费用	–3.6
风险成本	–0.9
杂项	–0.3
税前利润	3.4

（一个法国消费信贷专业集团生产利润与平均消费信贷余额的百分比，1997年年底。）

参考文献

第一章

BERNARD, A., 'Usure', in *Dictionnaire de théologie catholique.*

Encyclopédie de La Plĕiade, Histoire Universelle, Paris:T.I.Gallimard, 1956.

FINLEY, M.I., *The Ancient Economy*, 2nd edn, Berkeley:University of California Press, 1985.

FINLEY, M.I., *Economy and Society in Ancient Greece*, New York:Penguin Books, 1985.

FRANCOTTE, A., '*Aristote et le prêt à intérêt*', *Journée d'étude Philosophie perennis et analyse économique*, Université Paris I Panthéon-Sorbonne.

GAUDEMET, J., *Institutions de l'Antiquité*, Paris:Sirey, 1982

GLOTZ, G., *Histoire grecque*, 5th édn Paris:PUF, 1986.

HATZFELD, J., *Histoire de la Grèce ancienne*, Paris:Petite Bibliothèque Payot, 1969.

HOMER, S., *A History of interest rates*, Rutgers, 1963.

Lois de l'Ancien Orient, Editions du Cerf, supplement to *Cahier Evangile* n° 56, 1986.

LOT, F., *The End of the ancient world and the Beginning of the Middle Ages*,

New York:Harper, 1961.

ROSTOVTSEF, M.I., *Histoire économique et sociale de l'Empire romain*, Robert Laffont, coll.Paris:'Bouquins', 1988.

SCHUMPETER, J.A., *History of Economic Analysis*, London:George Allen & Unwin, 1963.

TAVENEAUX, R., *Jansénisme et prêt à intérêt*, Paris:Librairie philosophique J.Vrin, 1997.

VEYNE, P., 'The Roman Empire' in Aries, P., *A History of Private Life*, Cambridge, MA:Harvard University Press, 1987.

第二章

The decalogue, two versions:(a)Exodus XX 2-17(b) Deuteronomy V 6-21.

Code of the Covenant, Exodus XX, 22 XXIII, 33.

Deuteronomy, Deuteronomy XII à XXVI.

BARON, S.W., *Histoire d'Israël*, Paris:P.U.F., coll, 'Quadrige', 1986.

BERNARD, A., '*Usure*', in *Dictionnaire de theologie catholique*.

BLOCH, M., *Feudal Society*, 2en edn, London and New York:Routledge, 1989 (© 1961).

BONNASSIE, P., *La Catalogne du milieu du Xe à la fin du XIe siècle.Croissance et mutations d'une société*, Publications de I'Université de Toulouse-Le Mirail, Série A, T.23, 1975.

BOUTRUCHE, R., *Seigneurie et féodalité*, Paris:Aubier/Montaigne, 1968.

BROWN, P., *A History of Private Life*, Cambridge MA:Harvard University Press,

1987-1991.

CREMONA, D., '*Carità e interesse*' in *San Antonino da Firenze*, Aleph, 1991.

DUBY, G., *The Early Growth of the European Economy: Warriors & Peasants From the 7th to the 12th century*, 2en edn, Ithaca, NY:Cornell University Press, 1978(© 1974).

DUBY, G., *Rural Economy and Country Life in the Medieval West*, Columbia:University of South Carolina Press, 1976(© 1968).

DUBY, G., *Histoire de la France*, Paris:T.I, Larousse, Coll.'Références', 1986.

HALPHEN, L., *Charlemagne and The Carolingen Empire*, Amsterdam and New York:North Holland Pub.Co., 1977.

LODS, A.*Israël*, *from its beginning to the middle of the 18th century*, London: Routledge, 1948.

LODS, A., *The Prophets and the rise of Judaism*, 2nd edn, Wesport, Conn.: Greenwood Press, 1971.

MOLLAT, M., *The Poor in the Middle Ages*, New Haven:Yale University Press, 1986.

NELSON, B., *The idea of usury, from tribal brotherhood to universal otherhood*, Princeton University Press, 1949.

TAVENEAUX, R., *Jansénisme et prêt à intérêt*, Paris:J.Vrin, 1977.

第三章

BRAUDEL, F., *Civilization and capitalism*, New York: Harper & Row, 1981-1984.

CARDINI, F., 'L'argento e i sogni: cultura, immaginario, orizzonti mentali', in

Banchieri e mercanti di Siena, Monte dei Paschi di Siena, 1987.

CASSANDRO, M., 'La banca senese nei secoli XIII e XIV', in *Banchieri e mercanti* di Siena, Monte dei Paschi di Siena, 1987.

CHAUNU, P., *Le temps des réformes*, Brusells: Complexe, 1984.

CREMONA, D., '*Carità e interesse*' *in San Antonino da Firenze*, Aleph, 1991.

DANTE, ALLGHIERI *The Divine Comedy, Hell*, London: Penguin Classics, 1949.

DEMPSEY, B. W., *Interest and Usury*, London: Dennis Dobson Ltd., 1948.

DUBY, G., *The early growth of the European Economy: Warriors and Peasants from the 7th to the 12th Century,* Ithaca, New York: Cornell University Press, 1978.

DUBY, G., *Rural Economy and Country Life in the Medieval West*, Columbia: University of South Carolina Press, 1976 (© 1968).

DUBY, G., *Histoire de la France*, Paris: Larousse, coll, 'Références', 1986.

JULIEN-LABRUYERE, F., *Paysans charentais*, preface by J. LE GOFF, La Rochelle Rupella-where, 1982.

LE BRAS, G., 'La doctrine ecclésiastique de l'usure à l' époque classique (*XIIe-XVe siècle*)', *Dictionnaire de Théologie Catholique.*

LE GOFF, J., *Marchands et banquiers du Moyen Age*, Paris: 'Que sais-je?', P.U.F., 1956.

LE GOFF, J., *The Birth of Purgatory*, Chicago: University of Chicago Press, 1984.

LE GOFF, J., *Intellectuals in the Middle Ages*, Qxford and Cambridge, MA: Blackwell, 1993.

LE GOFF, J., *Your Money or your life*, New York and Cambridge, MA: Zone books (Distributed by MIT Press) 1988.

LE GOFF, J, (ed.), *Histoire de la France religieuse*, Vol. I, Paris: Le Seuil, 1988.

MAGINI, M., *La cassa di risparmio di Firenze*, Florence: Olschki, 1992.

NOONAN, J, T., *The scholastic analysis of usury*, Cambridge, MA: Harvard University Press, 1957.

ORIGO, I., *The merchant of Prato, The daily life in an Italian city*, Harmondsworth: Penguin Boods, 1992.

PERNOUD, R., *Histoire de la bourgeoisie en France*, Paris: Le Seuil, coll. 'Points', 1981.

POLIAKOV, L., *Les banquiers juifs et le Saint-Siège*, Paris: Calmann-Lévy, 1967.

ROOVER, R., de *La pensée économique des scolastiques,* Paris: J. Vrin, 1971.

ROOVER, R., de *Business, banking and economic thought in late medieval and early modern Europe*, Chicago: University Chicago Press, 1974.

SCHUMPETER, J. A., *History of Economic Analysis*. London: George Allen & Unwin Ltd., 1963.

TAVENEAUX, R., *Jansénisme et prêt à intérêt*, Paris: J. Vrin, 1977.

TAWNEY, R. H., *Religion and the Rise of Capitalism*, New York: Penguin Books, 1984 (© 1926).

第四章

BESNARD, P., *Protestantisme et capitalisme*, Paris: Armand Colin, coll.'U',

1970.

CHAUNU, P., *Le temps des Réformes*, Brusells: Complexe, 1984.

CHAUNU, P., (ouvrage collectif sous la direction de), *L'aventure de la réforme, le monde de Jean Calvin*, Paris: Hermé, 1986.

DELUMEAU, J., *La civilisation de la Renaissance*, Paris: Arthaud, 1984.

DELUMEAU, J., *Naissance et affirmation de la Réforme*, Paris: P.U.F., coll. 'Nouvelle Clio', 1988.

DUBY, G., *Histoire de la France*, Paris: T.II, Larousse, coll, 'Références', 1986.

FEBVRE, L., *Au coeur religieux du XVIe, siècle*, Paris: Le livre de poche, coll. 'Biblio, essais', 1983.

HAUSER, H., *Les débuts du capitalisme*, Paris: Alcan, 1931.

LÜTHY, H., *La banque protesante en France*, T.I.1959, T, II, SEVPEN, Paris:1961.

NELSON, B., *The idea of usury, from tribal brotherhood to universal otherhood*, Princeton: Princeton University Press, 1949.

TAVENAUX, R., *Jansénisme et prêt à intérêt*, Paris: J, Vrin, 1977.

TAWNEY, R, H., *Religion and the Rise of Capitalism*, New York: Penguin Books, 1984, (© 1926).

WEBER, M., *L'éthique protestante et l'esprit du capitalisme*, Paris: Plon, 1967.

WEBER, M., *Histoire Economique,* Paris: Gallimard, 1991.

WILSON, T., *A discourse upon usury*, with a historical introduction by R. H. TAWNEY, New York: Harcourt Brace & Co., 1925.

第五章

BENNASSAR, B., *Valladolid au siècle d'Or*, Paris: Mouton, 1967.

BRAUDEL, F., *La Méditerranée et le monde méditerranéen*, Paris: Armand Colin. 1966.

BRAUDEL, F., *Civilisation and Capitalism*, New York: Harper & Row 1981-1984.

BRAUDEL, F., LABROUSSE, E. *Histoire économique et sociale de la France*, Paris:T.II, PUF, 1970.

CHAUNU, P. and R. GASCON, '*Histoire économique et sociale de la France,* ' F. BRAUDEL and E. LABROUSSE (eds), *Histoire Economique et sociale de la France* T.I, Vol. I, Paris: PUF, 1977.

CLAVERO, B., *Usura, del uso ecónomico de la religión en la historia*, Madrid Tecnos, 1984.

Collective, *Catéchisme de l'Eglise catholique*, Paris: MamePlon, 1992.

DEYON, P., '*Théorie et pratique du mercantilisme*' in P. Leon, (ed.), *Histoire économique et sociale du monde*, T, II, Paris: Armand Colin, 1978.

DUBY, G., *Histoire de la France, 1348 à 1852*, Paris: Larousse, coll, 'Références' 1986.

FEBVRE, L., *Philippe II et la Franche-Comté*, Paris: Flammarion, coll, 'Science de l'Histoire', 1970.

GASCON, R., '*La France du mouvement: les commerces et les villes*' in F. Braudel and E. Labrousse (eds) *Histoire économique et sociale de la France*, T.I, vol. I, Paris: Puf, 1977.

GELPI, R. M., '*Mécanismes de la création monétaire et régulations économiques*', Doctoral thesis, Université de Paris Dauphine, 1982.

GOUBERT, P., *Cent mille provinciaux au XVIIe siècle*, Paris: Flammarion, coll.'Science', 1968.

GOUBERT, P., '*Le tragique XVIIe siècle*' in F. Braudel and E. Labrousse (eds) *Histoire économique et sociale de la France*, T.II, Paris, Puf (1977).

GOUBERT, P., *Louis XIV and* 20 *million Frenchmen*, London: Allen Lane, 1970.

GRICE-HUTCHINSON, M., *Early Economic Thought in Spain*, London and Boston Ma: Allen & Unwin, 1978.

ACQUART, J., *La crise rurale en Ile-de-France, 1550-1670*, Paris: Armand Colin, 1974.

JACQUART. J., '*Des sociétés en crise*' in P. Leon (ed) *Histoire economique et sociale du monde*, T.II, 1978, Paris: Armand Colin.

JULIEN-LABRUYÈRE. F., *Paysans charentais*, preface by J. LE GOFF, Rupella, 1982.

LE GOFF, J., *Histoire de la France Religieuse*, T.II, Paris: Le Seuil, 1988.

LEON, P. (ed.), *Histoire économique et sociale du monde*, T.II, Paris: Armand Colin, 1978.

LE ROY LADURIE, E., *The Peasants of Languedoc*, Urbana: University of Illinois Press, 1974.

LÜTHY, H., *La banque protestante en France*, T.I, Paris: SEVPEN, 1959.

PASCAL, B., *Les Provinciales*, Paris: Gallimard, coll. "Folio", 1987.

TAVENAUX, R., *Jansénisme et prêt à intérêt*, Paris: J. Vrin, 1977.

VILAR, P., '*Histoire de l'Espagne*' Paris: ' PUF, *Que sais-je?*', 1971.

VILAR, P., *Or et monnaie dans l'Histoire*, Paris: Flammarion, coll. 'Science',

1974.

VILAR, P., *La Catalogne dans l'Espagne moderne*, T.I, Paris: SEVPEN, 1962.

VILAR, P., '*Le temps du Quichotte', Europe*, January 1956.

WEBER, E., *Une histoire de l'Europe*, Paris: Fayard, 1986.

第六章

BENTHAM, J., '*Defense of Usury: Showing the impolicy of the present legal restraints on the terms of pecuniary bargains*' in *The Works of Jeremy Bentham*. Vol. Three; New York: Russell & Russell Inc., 1962.

LEVRON, J., *Le crédit à la Banque d'Anjou*, Angers Crédit de l' Ouest, 1950.

PASSAGE, H., Du '*Usure', Dictionnaire de théologie catholique*.

RIST, C., *History of Monetary and Credit Theory from John Law to the Present Day*, New York: Macmillan, 1940.

ROOVER, R., De *L'évolution de la lettre de change*, Paris: Armand Colin, 1953.

TAVENEAUX, R., *Jansénisme et prêt à intérêt*, Paris: J. Vrin, 1977.

TURGOT, *Mémoire sur les prêts d'argent, Oeuvres de Turgot*, Paris: T.III, Gustave Schelle, 1919.

第七章

FRANKLIN, B., *The Works of Benjamin Franklin*. (ed.) John Bigelow, Volume II New York: G.P. Putnam's Son, 1904.

HABERLER, G., *Prosperity and Depression*, London: Allen & Unwin Ltd.,

1968.

LESCURE, J., *Des crises générales et périodiques de surproduction*, Paris: Domat-Montchrestien, Paris:1932.

MALTHUS, R., *Principles of Political Economy*, New York: Augustus M. Kelley Inc., 1951.

MARX, K., *Bas Capital*, Vol. 3, London (de.) Engels, 1909.

MUGENT, R., *Consumer Credit and Economic Stability*, New York Russell Sage Foundation, 1939.

RICARDO, D., 'On the Principles of Political Economy and Taxation' in *The Works and Correspondence of David Ricardo* Vol.l, (ed.) P. Sraffa with the collaboration of M.H. Dobb, Cambridge at the University Press for the Roval Economic Society, 1951.

SAY, J.-B., *A Treatise on Political Economy*, Philadelphia: John Ohigg, n. 9 North Fourth Street, 1827.

SCHUMPETER, J.A., *History of economic Analysis*, London: Allen & Unwin, 1963.

SISMONDI, J.-C.L.S., de *New Principles of Political Economy*, New Brunswick and London: Transaction Publishers, Translated and annotated by Richard Hyse.

SISMONDI, J.-C.L.S., de *Etudes sur l'économie politique*, Geneva: Slatkine Reprints, 1980.

SMITH, A., *The Wealth of Nations*, London: Methuen, 1961.

STUART MILL, J., *Principles of Political Economy*, Toronto and London: University of Toronto Press and Routledgc & Kegan Paul, 1977.

TAUSSIG, F. W., *Principles of Economics*, Macmillan Co., New York, 1911.

第八章

BOARD OF GOVERNORS OF THE FEDERAL RESERVE SYSTEM, *Consumer Instalment Credit*, Six Vols., National Bureau of Economic Research, Washington, 1957.

CHAPMAN J.M. and Associates, *Commercial Banks and Consumer Instalment Credit*, Washington NBER, 1940.

CHAPMAN, J.M. and R.P. SHAY, *The Consumers Finance Industry: Its Costs and Regulation*, Columbia University Press, New York and London, 1967.

COBBI, J., 'Une forme nouvelle de suicide pour dette au Japon, le problème des "sarakin", ' in C. Malamoud, *Lien de vie, noeud mortel, les reprsentations de la dette en Chine, an Japon et dans le monde indien*, Paris: Ecole des Hautes études en sciences sociales, 1988.

CURRAN, B.A., *Trends in Consumer Credit Legislation*, University of Chicago Press, 1965.

FOSTER, W.T., *Loan Sharks and their Victims*, New York Public Affairs Pamphlets, 1945.

GELPI, R.M., 'Mécanismes de la création monétaire et régulations économiques', PhD thesis, Université de Paris-Dauphine, 1982.

HABERLER, G., *Consumer Instalment Credit and Economic Fluctuations*, Washington NBER, 1942.

HARDY, C.O., *Consumer Credit and Its Uses*, NY: Prentice-Hall, 1938.

KAWAJA, M., *The Regulation of the Consumer Finance Industry*, Columbia University, 1971.

KISSELGOFF, A., *Factors Affecting the Demand for Consumer Instalment Sales Credit*, NY: NBER, Technical Paper 7, 1952.

KLEIN, P.A., *The Cyclical Timing of Consumer Credit, 1920-1967*, NY: NBER, 1971.

LEWIS, W.A., *Economic Survey 1919-1939*, London: George Allen & Unwin Ltd., 1963.

MALAMOUD, C.(de.), *Lien de vie, noeud mortel, les représentations de la dette en Chine, au Japon et dans le monde indien*, Paris: Ecole des Hautes études en sciences sociales, 1988.

MALCOLM, M.D. and J.J. Jhr. COURTIN, 'The New Federal Attack on the Loan Shark Problem', in N.C. DURHAM, *Consumer Credit Reform*, Revue d'Economic Politique, Paris fall, 1968.

MANDELL, L., *Credit card use in the United States*, University of Michigan: Institute for social research, 1972.

MANDELL, L., *The Credit Card Industry: a History*, Boston: Twayne Publishers, 1990.

MOORE G. and P.A. KLEIN, *The Quality of Consumer Instalment Credit*, NY: NBER, 1967.

MORS, W.P., *Consumer Credit Charges*, Washington NBER, 1965.

MORSEL, H., 'La grande crise du monde capitaliste', in P.LEON, (ed.), *Histoire économique et sociale du Monde* Vol. 5, Paris: Armand Colin, 1977.

MATIONAL COMMISSION ON CONSUMER FINANCE, *Consumer Credit in the United States*, 1972.

NUGENT, R., *Consumer Credit and Economic stability*, NY: Russell Sage Foundation, 1939.

PHELPS, C.W., *Instalment Sales Financing: Its Services to the Deater*, Baltimore: Commercial Credit Company, 1953.

PHELPS, C.W., *Financing the Instalment Purchases of the American Family*, Baltimore: Commercial Credit Company, 1954.

PLUMMER, W.C. and R.A. YOUNG, *Sales Finance Companies and Their Credit Practices*, Washington NBER, 1940.

SELIGMAN, E.R.A., *Etude économique de la vente à tempérament*, Librairie des Sciences Politiques et Sociales, Rarcel Rivière, Paris, 1930.

SMITH, P.E., *Consumer Credit Costs: 1949-1959*, NBER, Princeton University Press, 1964.

VADON, R., *La vente à crédit des biens de consommation durables: ses incidences économiques*, PhD thesis, Université de Lyon, 1959.

YEAGER, L.B., *International Monetary Relations: theory, history and policy*, New York: Harper and Row, 1976.

'*Consumer Credit in the American Economy-Vigor of Youth or Middle Age Spread*', Federal Reserve Bank of Philadelphia. Business Review, July 1965.

'*Consumer Credit, 1960-1980*', Survey of Current Business, February 1981.

AVERY, ELLIEHAUSEN, CANNER, '*Survey of Consumer Finances, 1983*', Federal Reserve Bulletin, September 1984.

AVERY ELLIEHAUSEN, CANNER, '*Survey of Consumer Finances, 1983*': A *Second Report*. Federal Reserve Bulletin, December 1984.

AVERY, ELLIEHAUSEN, KENNICKELL, 'Changes in Consumer Installment Debt: Evidence from the 1983 and 1986 Surveys of Consumer Finances', Federal Reserve Bulletin, October 1987.

CANNER, G.B. and A.W. CIRNAK, '*Recent Developments in Credit Card Holding and Use Patterns Among U.S. Families', Journal of Retail Banking,* Autumn 1985.

CANNER, G.B., Consumer Use of Credit Cards: Evidence From Recent Surveys', *Board of Governors of the Federal Reserve System Working Paper,* 1987.

CAPLOVITZ, D., '*Consumer Credit in the Affluent Society, ' Law and Contemporary Problems*, Vol. 33, no. 4, pp. 641-655, 1969.

CHRISTELOW, D.B., 'Converging Household Debt Ratios of Four Industrial Countries', FRBNY. *Quarterly Review*, Winter 1987-1988.

CELPI, R.M., 'El Estats Units i l'economia mundial: evolucions estructurals, poli-tiques conjunturals' , Societat Catalana d'Economia, *Anuari,* Vol. 6, Barcelona, 1987 (typed French version) .

LUCKETT, C.A., 'The Growth of Consumer Debt', *Federal Reserve Bulletin*, June 1985.

LUCKETT, C.A., 'Personal Bankruptcies', *Federal Reserve Bulletin*, September 1988.

TAPSCOTT, T.R., 'Consumer Installment Credit, 1980-1985', *Survey of Current Business*, August 1985.

WOJNILOWER, A.M., 'The Central Role of Credit Crunches in Recent Financial History', *Brookings Papers on Economic Activity*, 2: Washington DC: The

Brookings Institution, 1980.

YAJIMA, Y., Y. SHINODA, C. ICHIKAWA and Y. HONJO, '*The origin and development of consumer credit in Japan*', Consumer Credit Industry Association, Consumer Credit Research Institute, Japan, Tokyo: 1992.

第九章

ARNAUD, L., 'Le marché bancaire des particuliers', *Banque*, July and September 1983.

ASHTON, T.S., *Economic History of England in the 18th century*, London: Methuen & Co. Ltd, 1964.

BALZAC, H., *Les Petits Bourgeoise* (*The middle classes*), London: J.M. Dent and Co.; New York: The Macmillan company, 1898.

BALZAC, H., *Gobseck (and other stories*), Boston: Roberts Brothers, 1896.

Banque de France, *Bulletin* May 1992.

BAUDIN, L., *Le crédit*, Paris: Aubier, 1934.

BAUDRILLARD, J., *La société de consommation*, Paris: Denoël, 1970.

BIGO. R., *Les banques francaises au cours du XIXe siècle*, Paris: Sirey, 1947.

BOLEAT, M. *National Housing Finance Systems, a Comparative Study*, London: Croom Helm, 1985.

CAMERON, R. and V.I. BOUYKIN, *International banking 1870-1914*, Oxford: Oxford University Press, 1991.

CHEMINEAU, L. (ed.), *L'argent invisible, l'ère des flux électroniques*, Paris: Autrement, 1987.

CLAVEAU, M.O., Ministère de l' Intérieur, *Situation administrative et financière des* monts-de-piété, Rapport et documents présentés à M. de Marcère au nom du Conseil des inspecteurs généraux des établissements de bienfaisance par M.O. Claveau, Paris: Imprimerie Nationale, 1876.

Commission Bancaire, *Le financement de la consommation. A touts et enjeux d'une spécialisation*, Rapport annuel, Paris, 1991.

Conseil National du Crédit, *Crédit à la consommation et à l'équipement des ménages*, May 1987.

CROWTHER, Lord, (Chairman), *Consumer credit*, report of the Committee, London: Her Majesty's Stationery Office, March 1971.

DIAMOND, A.L., *Commercial and Consumer credit: an introduction*, London:Butterworths, 1982.

DRANCOURT, M., *Une force inconnue: le crédit*, Paris: Hachette, 1961.

DRURY, A.C., *Finance Houses: Their Development and Role in the Modern Society*, London: Waterlow Publishers, 1982.

Dupont Paul *La question du prêt sur gages: recueil d'articles*, Paris, 1986.

DURAND, H., *L'abondance à crédit*, Paris: Le Seuil, 1966.

Economie Géographie, 'Le crédit à la consommation', No. 223. March 1985.

FERRONNIERE, J. and CHILLAZ, E. de *Les opérations de banque*, Paris: Dalloz, 1980.

FORD, J., *The Indebted Society: Credit and Default in the 1980s*, London: Routledge, 1988.

GOMEZ, F., 'La vente à crédit aux particuliers' , *Banque*, June, July, September 1985.

HEYMANN, G., *La vente à crédit dans le commerce de détail: ses aspects juridiques*, Paris: Centre d'Etudes du Commerce.

HEYMANN, P. and P. CLEMENT (eds), *De la 4CV à la vidéo, 1953-1983 ces trente années qui ont changé notre vie*, Paris: Communica, 1983.

HILL SMITH, A.G.L., *Consumer credit, Law and Practice*, London: Sweet & Maxwell, 1985.

HULS, N.(ed.), *Overindebtedness of Consumers in the EC Member States: Facts and Search for solutions*, Leyden, Netherlands: Leyden Institute for Law and Public Policy, September 1982.

MAYO, O.G., *Consumer Credit Control*, London: Gower Press, 1971.

MEADE, J.E., *Consumer's Credits and Unemployment*, London: Oxford University Press, 1938.

MINKES, A.L., '*The Decline of Pawnbroking', Economica*, February 1953.

MOLONY, J., Committee on Consumer Protection, Her Majesty's Stationery Office, London: 1962.

MOSCGETTO, B. and PLAGNOL, A. *Le crédit à la consmmation,* Paris:'Que sais-je?', P.U.F., 1973.

PECHA, J. and P. SICSIC, 'Développement , du crédit à la consommation et économie réelle', *Revue d'économie financière*, Nos 5 and 6.

PETIT-DUTAILLIS, G., 'De Richard Lenoir à Stavisky', *Banque* No. 418, June 1982.

MESLIER, P., *Tout à crédit*, Paris: Le livre de Poche, 1967.

PINET, H., *Ventes à crédit*, Paris: Sirey, 1961.

RADCLIFFE, *Report of the Committee on the Working of the Monetary System.*

Her Majesty's Stationery Office, London, 1959.

RAIGA, E., *Le mont-de-piété de Paris*, Paris:Sirey, 1912.

Revue d'Economie Financière, No. 18.

TEBBUTT, M., Making *Ends Meet, Pawnbroking and Working Class Credit*, London: Methuen, 1984.

TRIOLET, E., *Roses à Crédit*, Paris: Gallimard, 1972.

ULLMO, Y., 'Endettement et surendettement des ménages', *Les Notes Bleues*, No. 581, 1992.

VERHOOSEL, G., *Le financement des ventes à température*, Paris: Institut international d' études bancaires, 1955.

第十章

AKHTAR M.A. and E.S. HARRIS, 'The Supply-Side Consequences of U.S. Fiscal Policy in the 1980s', *FRB of New York*, Vol. 17, No. 1, Spring 1992.

ANOSIKE, B.O., *How to Declare your Personal Bankruptcy without a Lawyer*, New York: Do-it-Yourself Legal Publishers, 1983.

BIS, Annual Reports.

BERTHOUD R. and E. KEMPSON, *Credit and Debt: the PSI Report*, London: Policy Studies Institute, 1992.

BROWNE L.E. and E.S. ROSENGREN, 'Real State and the Credit Crunch: An Overview', *New England Economic Review*, FRB of Boston, November-December 1992.

CANNER, G.B. and C.A. LUCKET, 'Home Equity Lending', *Federal Reserve*

Bulletin, May 1989.

CANNER, G.B. and C.A. LUCKET, 'Payment of Household Debts', *Federal Reserve Bulletin*, April 1991.

CANNER, G.B. and C.A. LUCKET 'Developments in the Pricing of Credit Card Services', *Federal Reserve Bulletin*, September 1992.

CASE, K.E., 'The Real State Cycle and the Economy: Consequenccs of the Massachussetts Boom of 1984-1987', *New England Economic Review*, FRB of Boston, September-October 1991.

CHRISTELOW, D.B., *Converging Household Debt Ratios of Four Industrial Countries*, FRBNY, Vol. 12, No.4. Winter, 1987-1988.

CNAF, 'Consommer et s'endetter' (consuming and setting into debt), *Informations sociales*, No. 2-3, 1989.

J.O.COOK and R. WOOL, *All you need to know about banks*, New York:Bantam Books, 1984.

CREDOC, 'Les Français et le crédit en janvier 1992', *Banque Stratégie*, No.84, May 1992.

DEFOURNY, P., 'La loi Neiertz: un premier bilan', *La revue du financier*. No. 87. July-August 1992.

European Community Commission: *Economic Papers, Country Studies, The United Kingdom*, July 1990 and March 1991, Brussels.

EUGENI, F., 'Consumer debt and home equity borrowing', *Economic Perspectives*, FRB of Chicago, March 1993.

FORD, J., *The indebted Society: credit and defaultin the 1980's*, London: Routledge, 1988.

GABRIEL, S.A., 'Housing and Mortgage Markets: The Post-1982 Expansion', *Federal Reserve Bulletin*, December 1987.

GELPI, R.M., *Els Estats Units i l'economia mundial: evolucions estructurals, politiques conjunturals*, Societat Catalana d'Economia: *Anuari*, Vol. 6. Barcelona, 1987.

HOÖRMANN, G. (ed.), *Consumer Credit and Consumer Insolvency*, RFA: Bremen, 1986.

HULS, N. (ed.), *Overindebtedness of Consumers in the EC Member States: Facts and Search for Solutions*, Leyden Institute for Law and Public Policy. Netherlands: Leyden, September 1982.

JOHNSON, 'The Bank Credit "Crumble" ', FRBNY, *Quarterly Review*, Vol.16. No.2, Summer 1991.

KENNICKELL A. and SHACK-MARQUEZ.J.'Changes in Family Finances from 1983 to 1989: Evidence from the Survey of Consumer Finances, *Federal Reserve Bulletin*, January 1991.

LUCKETT, C.A., 'Personal Bankruptcies' , *Federal Reserve Bulletin*, September 1988.

MORNET, F., *Justice et recouvrement de l'impayé*, Paris: Documentation française. 1980.

McNEES, S.K., 'The 1990-1991 Recession in Historieal Perspective', *New England Economic Review*, FRB of Boston, January-February 1992.

OECD, Economic Studies: *United States*, Paris, several years.

OECD, Economic Studies: *Great Britain*, Paris, several years.

OECD, 'Private indebtedness', *Financial Market Trends*, October 1992.

PAQUETTE, 'Estimating Household Debt Service Payments', Federal Reserve Bank of New York, *Quarterly review*, Volume ll.No. 2, Summer 1986.

PEEK, J. and E.S. ROSENGREN, 'The Capital Crunch in New England' . *New England Economic Review*, FRB of Boston, May-June 1992.

POLLAN, S.M., *How to Borrow Money*, New York: Simon & Schuster, Inc., 1983.

RAVIER, M., *Le crédit mode d'emploi,* Paris: Nathan, 1984.

REIFNER, U. and J.FORD, *Banking for People*, Berlin and New York: Walter de Gruyter, 1992.

SPIRE, A. (ed.), *L'argent, pour une réhabilitation morale*, Paris: Autrement No. 132, 1992.

图书在版编目(CIP)数据

消费信贷史:理论与实践 / (法)杰尔皮,(法)朱利安-拉布吕耶尔著;江红译. —北京:商务印书馆,2014
ISBN 978-7-100-10317-6

Ⅰ.①消… Ⅱ.①杰…②朱…③江… Ⅲ.①消费贷款—银行史—世界 Ⅳ.①F830.589

中国版本图书馆 CIP 数据核字(2013)第 234771 号

消费信贷史
——理论与实践
〔法〕罗莎-马里亚·杰尔皮
〔法〕弗朗索瓦·朱利安-拉布吕耶尔 著
江红 译

商务印书馆出版
(北京王府井大街 36 号 邮政编码 100710)
商务印书馆发行
北京市艺辉印刷有限公司印刷
ISBN 978-7-100-10317-6

2014年6月第1版 开本 850×1168 1/32
2014年6月北京第1次印刷 印张 $7^7/_8$

定价: 29.00元